尺寸

千里远景，如在尺寸之间。

伊比利亚八百年

[英] 斯坦利·莱恩-普尔 著

张凤梅 译

Stanley Lane-Poole

摩尔人统治下的西班牙

THE MOORS IN SPAIN

中国工人出版社

序 言

Preface

西班牙的历史进程前后对比鲜明，令人唏嘘。公元8世纪初，摩尔人[①]塔里克·齐亚德(Tārik ibn Ziyad)率军攻占西哥特王国。之后的近八百年，在摩尔人统治者的领导下，西班牙发展成了一个开化、文明的国家，为整个欧洲树立了榜样。得益于统治者先进的技术，西班牙土壤肥沃省份的农业产出倍增，硕果累累。在瓜达尔基维尔河(Guadelquivir)和瓜迪亚纳河(Guadiana)周围富饶的山谷中，无数座城市如雨后春笋般拔地而起。只看这些城市的名字，人们就会想起城中昔日的辉煌。西班牙的艺术、文学和科学蓬勃发展，这在欧洲其他地方绝无仅有。来自法兰西(France)、德意志(Germany)和英格兰(England)的学生成群结队地涌入西班牙，从知识的源泉中汲取营养。只有在摩尔人生活

① 摩尔人，常用来简指生活在西班牙的撒拉逊人和其他穆斯林。但确切地讲，它仅指北非和西班牙的柏柏尔人。本书中沿用这个词的最常见义项，除非需要区分撒拉逊人和柏柏尔人。——原注

的城市中，学生们才能看到这些流动的知识源泉。安达卢西亚(Andalusia)的医生和学者走在学术前沿。在科尔多瓦(Cordova)，女医生也很常见。因为社会鼓励女性全身心地投入严肃的科学研究。在西班牙，人们可以学习数学、历史、哲学、天文学、植物学和法理学。田间耕作法、科学灌溉法、防御工事、造船艺术、刻刀、锤子、制陶工的轮制工具和泥瓦匠的瓦刀，以及织布机织出的精美的纺织品等，都被西班牙的摩尔人发展到了极致。除了卓越的艺术，西班牙的摩尔人在战争中也一直占据优势地位。摩尔人在战争上取得的成就丝毫不亚于他们在艺术上的成就。西班牙舰队敢和法蒂玛王朝(Fatimites)争夺地中海的指挥权；西班牙军队可以横扫基督教军队。民族英雄熙德(El Cid)长期同摩尔人一起战斗。除了接受的教育不同，他算得上半个摩尔人。摩尔人统治下的西班牙拥有了使西班牙强大和繁荣的东西，趋向文明。

1492年，在阿拉贡国王斐迪南二世(Ferdinand II of Aragon)和卡斯蒂尔女王伊莎贝拉一世(Isabella I of Castile)的十字军前，摩尔人最后的堡垒坍塌了。伴随格拉纳达(Granada)倒下的还有西班牙的所有辉煌。摩尔人璀璨的成就曾温暖了这片土地。在接下来的短暂时光里，这种壮丽的余晖还会残留片刻。伊莎贝拉一世、卡洛斯一世(Carlos I of Spain)和腓力二世(Philip II of Spain)的统治，以及克里斯托弗·哥伦布(Christopher Columbus)、埃尔南·科尔特斯(Hernando Cortes)和弗朗西斯科·皮萨罗(Francisco Pizarro)的成就，是这个即将消亡的强国最后的光环。对西班牙来说，接踵而至的是令人憎恶的荒凉和宗教裁判所的统治。从此，西班牙陷入了无边的黑暗中。在这片科学一度拥有至高无上地位的土地上，西班牙的学者却以无知和无能为人所知。艾萨克·牛顿（Isaac Newton）和威廉·哈维（William Harvey）的发现被认为是有害的，遭到了谴责。曾经，摩尔人统治下的西班牙拥有七十个公共图书馆，这些图书馆滋养了学者的头脑。科尔多瓦也曾拥有五十万册藏书用以造福世人。此后，对求知的冷漠占据了上风。18世纪，西班牙的新首都马德里（Madrid）还没有一个公共图书馆，甚至就在我们生活的时代（按：19世纪中后期），第一位摩尔人历史学家——也是西班牙人——还无权查阅收藏在埃斯库里亚尔（Escurial）的资料。塞维利亚（Seville）原本有一万六千台织布机，现在锐减了五分之四。托莱多（Toledo）和阿尔梅里亚（Almeria）的艺术和工业变得微不足道。浴池——兼具装饰性和实用性的公共建筑——也被摧毁，因为清洁透露出太多异教徒的气息。离开摩尔人娴熟的灌溉技术后，西班牙的土地一片荒芜。从前多产、肥沃的山谷也变得十分贫瘠，人烟稀少。在安达卢西亚，人口稠密的城市从前星罗棋布，现在却大都破败不堪。乞丐、修士和土匪取代了学者、商人和骑士。摩尔人被驱逐后，西班牙的境况一落千丈。这就是西班牙历史呈现出的让人唏嘘的前后对比。

目前我们只谈多个对照时期的第一个时期，即摩尔人统治下辉煌的西班牙，不谈波旁王朝(Bourbons)统治下堕落的西班牙。不偏不倚地呈现摩尔人统治的八个世纪中最引人注目的事件，是我们努力的方向。种族和信仰之间的争斗是驱动中世纪西班牙政治运动的主要因素。在记述引人遐想的英雄人物故事和传说的同时，我们试图勾勒出争斗的全貌。有的学生如果希望深入钻研本书之外的相关内容，不妨阅读下面的权威著作。已故教授赖因哈特·多齐(Reinhart Dozy)的《穆斯林治下的西班牙史（共四卷）》(*Histoire des Musluman d'Espagne*)的重要性首屈一指，他的《西班牙中世纪历史与文学史（共两卷）》(*Récherches surl'histoire et la littérature de l'Espagne pendant le moyen âge*)也十分具有研究价值。这些作品含金量很高，虽然作品内容略显零碎，但文学价值和历史价值让人赞叹。赖因哈特·多齐既是一位历史学家，也是一位东方学家。他的著作精辟、深刻。帕斯夸尔·德·阿尔塞(Pascual de Arce)翻译了埃尔–马卡里(El-Makkary)的《西班牙的穆罕默德王朝史（共两卷）》(*History of Mohammedan Dynasties in Spain*)。尽管这部译作因某些细微的差错受到赖因哈特·多齐和其他人一些不必要的批评，但其研究价值不容忽视。对闹书荒的学生来说，能用英语读到一位撒拉逊学者的著作，即使有不完美之处，也是一件幸事。此外，他的笔记也提供了大量独到的、有价值的资料。除了这两位权威历史学家，还有许多撒拉逊历史学家的作品也值得一读。本书大量参阅了他们的作品，但由于这些作品的译本很少，所以不便推荐给普通学生。奥古斯特·倍倍尔(August Bebel)的《撒拉逊穆斯林文化时期》(*Die Mohammedanisch-arabische Kulturperiode*)为我们了解撒拉逊文明画出了一幅虽然粗略但可读性和指导性强的草图。在《撒拉逊穆斯林文化时期》中，西班牙的发展史可见一斑。关于摩尔人统治末期，本书大量参阅了华盛顿·欧文(Washington Irving)的《征服格拉纳达》(*Conquest of Granada*)及威廉·马克斯韦尔(William Maxwell)令人钦佩的《奥地利的胡安》(*Don John of Austria*)。这两本书非常值得阅读。帕斯夸尔·德·阿尔塞和赖因哈特·多齐的所有关于摩尔人历史的论著一定要慎读，因为它们主要取材于何塞·安东尼奥·孔代(José Antonio Conde)的《西班牙的撒拉逊统治者》(*Dominacion de los Arabes en España*)。何塞·安东尼奥·孔代的《西班牙的撒拉逊统治者》的文学价值很高，但历史价值不高，并且后世很多作品中的错误大多源于此书。夏洛特·玛丽·扬(Charlotte Mary Yonge)写了《西班牙的基督教徒与摩尔人》(*Christians and Moors in Spain*)，是我们知道的关于这一时期的唯一一本英语通俗历史书。阅读《西班牙的基督教徒与摩尔人》后，我对夏洛特·玛丽·扬钦佩不已。由于《西班牙的基督教徒与摩尔人》的写作思路与本书写作思路太接近，让我有一种下意识去模仿的冲动。其实，连我也断定不了这两本书是否相似度很高。

除了感谢帕斯夸尔·德·阿尔塞和赖因哈特·多齐的贡献，以及阿瑟·吉尔曼(Arthur Gilman)先生的友好合作，我还要感谢朋友H.E.瓦茨(H.E.Watts)先生的帮助，特别是要感谢他在西班牙语拼写方面给我提供的帮助。

目 录

Contents

第一章

哥特人的末日

The Last of the Goths

当亚历山大大帝(Alexander Great)率军横扫东方诸国时，有一个国家未被波及。撒拉逊人没有卑微地向征服者亚历山大大帝派遣使臣，亚历山大大帝决心将藐视他的撒拉逊人踩在脚下。正准备派兵入侵撒拉逊人的领地时，死神却来到了他面前。因此，撒拉逊人未被征服。

公元前三百多年前，在辽阔的撒拉逊半岛，撒拉逊人已经独立存在、生存繁衍了很长时间。在接下来的将近一千多年里，撒拉逊人仍然会以一种奇特孤寂的方式在这里延续。在他们周围，强国不断涌现。亚历山大大帝的继承者建立了以叙利亚为中心的塞琉古帝国(Seleucids)和以埃及(Egypt)为中心的托勒密王国(Ptolemies)。在罗马，奥古斯都(Augustus)加冕称帝。在拜占庭(Byzantium)，君士坦丁大帝(Constantine)成为第一个尊崇基督教的皇帝。野蛮的游牧部族不断入侵恺撒(Caesars)的大片领土，但撒拉逊人仍然不受干扰，未被征服。尽管如此，撒拉逊人的边城可能会向波斯(Persia)萨珊王朝(Sasanid Empire)的科斯洛(Chosroes)家族或恺撒称臣，而罗马军团也可能会一次次地在撒拉逊人的高原荒野上驰骋。然而，这种画面转瞬即逝，并未触动撒拉逊人的神经。虽然四周强国环伺，但沙漠和撒拉逊人的英勇将入侵者拒之门外。从远古时代到7世纪，除了知道撒拉逊人的存在及入侵他们须付出代价，人们对撒拉逊人也就一无所知了。

突然，撒拉逊人变了，不再追求与世隔绝，开始直面这个世界，迫切地想征服这个世界。起因源于一个人。7世纪初，撒拉逊人的先知穆罕默德(Mohammed)开始宣扬伊斯兰教的教义。他宣扬的教义使人们感同身受，继而引发一场革命。他宣扬的教义很简单——他吸收了希伯来人古老的信仰，再适当完善，然后宣扬一神崇拜，给撒拉逊人带来新的启示。他的这些简单信条给撒拉逊人带来怎样不可抗拒的冲动，这点我们至今很难弄明白，但宗教革命可能因此爆发。真正的先知总带有强大、神秘的个人魅力。穆罕默德开始尽心尽力地传授自己认为唯一正确的信仰。他传授的信仰中有足够多的崇高理念，加上他和追随者们又有十足的热情，两者叠加在一起滋生了一种无比的热忱。在他之前的撒拉逊世界，部族和氏族征战不断，以勇敢、好客甚至骑士精神为美德，热衷于追逐战利品。他把撒拉逊部族整合成了一个信仰伊斯兰教的民族。

去世之前，穆罕默德已成为撒拉逊半岛的主人。信奉伊斯兰教或穆罕默德教义的部族团结起来并向四周扩散，征服了周围的地区。在哈里发(Khalifs)的领导下，军队占领了波斯、埃及和北非(North Africa)，直到赫拉克勒斯柱(Pillars of Hercules)[①]。从中亚的奥克苏斯河(Oxus)到大西洋(Atlantic Ocean)海岸，穆艾津(Muezzins)[②]呼唤信徒前来祈祷的宣礼声不绝于耳。

在小亚细亚(Asia Minor)，穆斯林或撒拉逊人(Saracens)前进的

① 赫拉克勒斯是希腊神话中伟大的英雄。——译者注
② 穆艾津，是指伊斯兰教中的宣礼师。——译者注

步伐被拜占庭帝国的军队拖住了。直到15世纪，在奥斯曼土耳其人(Ottoman Turks)的英勇作战下，撒拉逊人最终占领了梦寐以求的君士坦丁堡。在地中海南岸，拜占庭帝国的将军曾一度遏制了撒拉逊人的进攻。撒拉逊征服者横扫北非各地，经过长期奋战，暂时控制住了动荡不安的柏柏尔(Berber)部族，却在休达要塞(fortress of Ceuta)遭遇顽强抵抗。休达和地中海南岸的其他地方一样，都属于拜占庭帝国。但由于与君士坦丁堡相距甚远，休达实际被邻近的西哥特王国控制。休达虽然名义上是拜占庭帝国皇帝的领土，但实际上要寻求西哥特王国的庇护。然而，西哥特王国的援助也抵御不住汹涌的撒拉逊人入侵。凑巧的是，当时休达伯爵朱利安(Julian)和西哥特国王罗德里戈(Roderick)起了争执，这为撒拉逊人提供了机会。

当时，西班牙处于西哥特人的统治之下。西哥特人属于蛮族。罗马帝国衰落时，西哥特人趁火打劫加入了抢夺地盘的行列。东哥特人(Ostrogoths)占领了意大利(Italy)。东哥特人的近亲——西哥特人征服了苏维汇人(Suevi)和其他野蛮的日耳曼部族。5世纪，在罗马的伊比利亚(Iberia)，西哥特人站稳了脚跟。奢侈和堕落摧毁了罗马帝国。然而，西班牙统治者同罗马帝国统治者一样奢侈和堕落。像许多好战的民族一样，当取得战争胜利，将世界踩在脚下时，罗马人心满意足地躺在功劳簿上尽情享受财富与和平。从前，罗马人勇敢坚强，生活简朴。只要执政官一声令下，他们便弃犁执剑，保家卫国，开疆拓土。西班牙的富人骄奢淫逸，只知道吃喝玩乐。很多西班牙人或者是奴隶，或者是被束缚在土地上的劳动者，他们无法离开耕种的土地，不得不随土地在不同主人间被买卖。作为中产阶层的市民，夹在富人和奴隶之间处境可能更糟。市民肩负着养活整个国家的重担，须缴纳税款，履行市民义务，还要供养富人，满足他们奢侈无度的生活需求。在这个意志消沉的社会里，看不出西班牙人能和决意入侵的撒拉逊人一决高下的任何迹象。富有的贵族沉迷享乐，敌国入侵的流言也很难唤醒他们。他们的剑因搁置太久而锈迹斑斑。奴隶对更换主人不感兴趣，因为现在的日子已经很难熬了，换了主人也不会好到哪去。市民要承担国家的大部分开支却没半点好处，怨声载道。

这样的一些人不可能组成一支强大、勇敢的军队。因此，哥特人(Goths)不费吹灰之力就进入了西班牙。各地的人心甘情愿地敞开大门。孱弱的西班牙没有抵抗就投降了。实际上，阿兰人(Alans)、汪达尔人(Vandals)和苏维汇人这些蛮族比哥特人更早入侵西班牙。这些人为哥特人扫平了道路，省了哥特人不少力气。罗马化的西班牙人十分清楚蛮族入侵的后果。他们目睹了城市被毁、妻儿被掳，还看到少数反抗的头领惨遭杀害。蛮族带来的灾难性后果至今令他们无法忘记——饥荒、瘟疫、土地荒芜、饿殍遍野，处处充斥着野蛮混乱的状态。因此，罗马化的西班牙人吸取了教训，温顺地接纳了哥特人。

8世纪初，摩尔人到达大西洋的非洲海岸。他们的目光越过赫拉克勒斯海峡(Straits of Hercules)，眺望着阳光明媚的安达卢西亚各地。这时，哥特人统治西班牙已经两百多年了，有充足的时间改革。充满野性、阳刚之气的哥特人融入了西班牙，让古老的文明焕发新的生机。他们想改善西班牙的状况，确实有自己的理由和优势。他们勇敢坚强，不被安逸生活腐蚀，是非常虔诚的基督教徒。然而，他们进入西班牙时，西班牙只是表面上皈依了基督教。君士坦丁大帝将基督教定为罗马帝国的国教，但基督教在西边各地根基太浅。哥特人这样无知但虔诚的种族可能会唤起人们对新的宗教的真诚的信仰，打破死气沉沉的旧教条的禁锢。神父对天主教的未来充满信心，但结果和预期相差甚远。哥特人确实很虔诚，但他们信教主要是为了弥补自己的罪恶。他们如果犯下特别严重的罪行，就会进行更多忏悔，然后毫无悔意地再次犯罪。和先前的罗马贵族一样，哥特人腐败堕落。他们虽然信奉基督教，但并未借此努力改善民众的生活。与以前相比，农奴的处境更糟糕，不仅与土地和主人捆绑在一起，而且没有主人的许可不得婚配。如果与邻近庄园的奴隶通婚，他们的孩子就会被分配给男方的主人。和罗马时期一样，面对重税，市民破产了。土地仍掌控在少数人手中。悲惨的农奴在大片的庄园上耕种，苦难无穷无尽，沉闷的生活见不到一丝光明，只有死后方得解脱。那些口口声声宣扬所有基督教徒都是兄弟的神职人员却富得流油，拥有大量土地。他们同罗马贵族一样，恶劣地对待奴隶和农奴。淫乐葬送了罗马

托莱多城

人，西班牙的富人现在也深陷其中。信奉基督教的哥特人的恶行与异教徒相比，有过之而无不及。有编年史学者迫切地想弄明白为什么摩尔人要推翻基督教徒。学者们曾提出“威蒂萨国王(King Witiza)教会了整个西班牙人犯罪”。威蒂萨国王同之前的统治者一样荒淫，但哥特人的腐败“更胜一筹”。蛮族的恶行和腐朽有增无减，统治者的更迭并未让道德向好发展。

摩尔人打到西班牙边界时，西班牙内部是下面这副场景：腐败的贵族忙着瓜分土地；可怜又绝望的农奴在大片庄园上辛苦劳作；市民遭遇毁灭性打击。直布罗陀海峡(Straits of Gibraltar)的南边是摩尔人士兵。他们是一群顽强的士兵，心中燃烧着新信仰的熊熊烈火。他们从小就接受军事训练，生活简朴，渴望掠夺异教徒的肥沃土地。西班牙人和摩尔人之间爆发战争，结果可想而知，西班牙叛徒的协助加速了摩尔人的胜利。

罗德里戈废黜了威蒂萨国王，自己坐上了统治者的宝座。在统治初期，他表现不错，后来却被财富和权力迷花了眼。他周围有很多不稳定因素，而他自私享乐的性格就像导火索，只要一个火花就能引爆并摧毁整个西班牙。当时，西班牙贵族有一种习俗，就是把自己的孩子送到宫廷里学习规矩、礼仪。休达伯爵朱利安也把自己的女儿弗洛琳达·拉·卡瓦送到托莱多的罗德里戈的宫廷接受教育。她是个非常漂亮的少女，成了罗德里戈王后的一名侍女。罗德里戈本来应该把弗洛琳达·拉·卡瓦当亲生女儿般爱护，但他将声誉抛诸脑后，玷污了她。休达伯爵朱利安的妻子是威蒂萨国王的女儿，侮辱弗洛琳达·拉·卡瓦就是侮辱哥特人。年轻的弗洛琳达·拉·卡瓦羞愤不已，给父亲休达伯爵朱利安写了封信。她唤来一个忠心的骑士，告诉他，如果他希望得到骑士的荣誉或自己的青睐，就日夜兼程，跨越千山万水，把这封信交给她的父亲。

休达伯爵朱利安厌恶罗德里戈，加上自己与被废黜并且可能已被谋杀的威蒂萨国王的关系，更不可能再追随篡位者罗德里戈。自己女儿遭受的耻辱将朱利安积攒的敌意转化为复仇的怒火。当时，朱利安已经成功阻止了摩尔人的进攻。但现在，他决意不再保卫毁了自己女儿的罗德里戈的国土。摩尔人如果愿意，就把西班牙拿去吧。他已经准备好给摩尔人带路了。他满怀复仇的怒火匆匆赶到罗德里戈的宫廷。他虚与委蛇，让心怀悔意的罗德里戈误认为弗洛琳达·拉·卡瓦没有说出自己被玷污的秘密。罗德里戈给予朱利安很多荣誉，接受了后者对国家防卫的全部建议。在朱利安用心险恶的建议下，罗德里戈把西班牙最好的马匹和武器运到南方，交由朱利安掌控，并让他做好对抗摩尔人的准备。在罗德里戈满心欢喜时，朱利安带着女儿离开了托莱多。临别之际，罗德里戈还提到希望朱利安能带几只猎鹰回来。朱利安承诺会给罗德里戈带来此生从未见过的“鹰”——摩尔人。怀揣这个隐喻摩尔人的暗示，他回到了休达。

回到休达后，朱利安拜访了北非撒拉逊总督穆萨·依本·努赛尔(MūSa Ben Noseyr)。两人的军队曾多次交锋。他告诉穆萨·依本·努赛尔，他们之间的战争到此结束，从这一刻起自己愿化敌为友。接着，他开始讲述西班牙的美丽富饶、繁荣的城市和雄伟的宫殿，还讲述了哥特人宝藏的故事。充满诱惑的话语塞满了穆萨·依本·努赛尔的耳朵。总之，听完朱利安的讲述，穆萨·依本·努赛尔认为西班牙是一片流淌着牛奶和蜂蜜的土地。朱利安会亲自带路并为他提供船舶，他自己只需过去便可拿下西班牙。他很谨慎，这么诱人的建议会不会是个陷阱？他一边派人征求大马士革(Damascus)哈里发瓦利德一世(Welid I)的意见，一边派人前往探查。710年，受穆萨·依本·努赛尔委派，塔里夫·伊本·马利克率领一支五百人的小分队出发了。小分队乘坐朱利安提供的四艘船渡海，突袭了安达卢西亚海岸。摩尔人不习惯在地中海航行，穆萨·依本·努赛尔也不肯让自己的人在海上冒险。

710年7月，塔里夫·伊本·马利克凯旋。他占领了如今依然以他的名字命名的地方——塔里法(Tarifa)，掠夺了阿尔赫西拉斯(Algeciras)。他亲历的一切都表明西班牙确实未设防，朱利安没有说谎。穆萨·依本·努赛尔仍不打算冒太大风险。瓦利德一世的命令来了，强调决不能让整个摩尔人军队陷入未知险境，只能进行小规模侵袭。尽管如此，受塔里夫·伊本·马利克胜利的鼓舞，穆萨·依本·努赛尔决定发起更大规模的进攻。711年，得知罗德里戈在北部镇压巴斯克人(Basques)叛乱，他

托莱多城的比萨格拉门

便任命手下的将军摩尔人塔里克·伊本·齐亚德率领七千名士兵再次突袭安达卢西亚。这次突袭的士兵大部分是摩尔人。然而，战果超乎预期。塔里克·伊本·齐亚德在狮子岩(lion's rock)登陆。狮子岩是一块巨岩，后来叫直布尔–塔里克·直布罗陀(Gebal-Tarik Giraltar)。这一名称由塔里克·伊本·齐亚德的名字衍生而来。占领卡尔特亚(Cartage)后，摩尔人立即向内陆挺进。尚未推进太远，罗德里戈便率领全国的士兵迎战。摩尔人和罗德里戈的军队在瓜达莱特河(Guadalete)相遇。瓜达莱特河被撒拉逊人称为瓦迪贝卡(Wady Bekka)，流经特拉法尔加角(Cape Trafalgar)，最后汇入直布罗陀海峡。

从前，有这样一个传说。罗德里戈在古城托莱多即位时，出现了两个老者。他们穿着白色长袍，腰带上饰有星座图案，上面还挂着无数把钥匙。两个老者说："国王啊，知道吗？很久以前，当赫拉克勒斯在海峡边竖起柱子时，也在托莱多这座古城边建了一座塔。塔里有一道魔咒，还有一扇加了锁的厚重铁门。赫拉克勒斯命令每一位新国王都要在铁门上加一把新锁，预言任何试图探究塔中秘密之人都将遭受厄运。从那时起，我们和祖先就一直守护着铁门。曾有国王进入塔内，但非死即伤。没人能跨过这道门。现在，国王啊，我们恳求您在铁门上再加一把新锁，您之前所有的国王都这样做了。"语毕，两个老者离去。

然而，当罗德里戈想起这些话时，满脑子想的都是如何进入塔里。主教和幕僚不断警告罗德里戈，一再强调进塔的人无一生还，连强大的恺撒都未曾进入。古语流存：

此门永闭，无人能启，
王启之，国祚则尽，
风雨飘摇，土崩瓦解，
下有叛国者蚀其根，
上有雷霆怒降其顶。

一天，罗德里戈不顾劝阻，和骑士纵马来到塔前。塔矗立在一块高耸的岩石上，四周悬崖峭壁林立。塔墙由一块块镶嵌着精巧物件的碧玉和大理石筑成，在阳光下闪闪发光。穿过在石壁上凿出的一条小路，罗德里戈和手下来到了入口处，一扇巨大的铁门赫然出现在眼前，门上挂满了锈迹斑斑的大锁。从赫拉克勒斯到威蒂萨国王，时间过去了几百年，这些锁就这样一把一把累积下来。铁门两边站着罗德里戈即位那天出现的那两个老者。接下来一整天，两个老者都在努力转动生锈的钥匙，打开一把又一把锁，一些兴致勃勃的骑士在一旁协助。老者已隐隐感到不祥之气。直到日落时分，铁门才打开，罗德里戈一行鱼贯而入。刚进入塔内，身后大门应声合上，他们进入了一个大厅。大厅的尽头有一扇门，门旁立着一尊面目可憎的巨大青铜雕像，它不停地挥舞着一把硕大的狼牙棒，猛烈地敲击着四周的地面。

见此情景，罗德里戈惶恐不安。看到青铜雕像的胸前写着“我尽我职”的字样时，他鼓起勇气求它能让自己安全通过。他不想亵渎神灵，只想了解塔内的秘密。听了他的话，青铜雕像高举着狼牙棒静静地杵在那儿。罗德里戈一行趁机往前走，进入一个房间。这个房间的墙壁和先前的一样，房内摆着一张赫拉克勒斯放在这儿的桌子。桌子上放着一个匣子，匣子上刻着：“魔塔之谜藏在此盒中，唯有国王才能打开它。国王须慎重打开此盒。如果打开，盒中所讲之事会在他死前应验。”

罗德里戈打开了盒子，看见一张由两块铜板夹着的羊皮纸。纸上画着骑在马背上的男人，他们个个神色凶狠，身配弓箭弯刀。一行箴言浮于纸上：“看哪，鲁莽之徒，他们将要把你从你的宝座上赶下去，征服你的王国。”罗德里戈一行凝视箴言时，忽然阵阵厮杀声传来，只见那些诡异骑兵的身影似在云中移动，又变幻成战争场面：

悲伤在罗德里戈眼中弥漫开来，
一幅幅历史画卷不断展开，
战争结局在他们鲜血流尽前已注定，
包括很多还未发生之事。

罗德里戈一行眼前浮现出了战争画面：西班牙人和摩尔

人正在殊死搏斗。耳边厮杀声震天，战马飞驰，号角阵阵。长剑、战斧、闪闪发光的狼牙棒相互碰撞的刺耳声不绝于耳。飞镖和长矛发出的“咻咻”声和箭哨声呼啸而至。在摩尔人面前，西班牙人害怕了，他们被摩尔人死死压住，狼狈不堪。十字架旗被拽下，西班牙的旗子被踩在脚下。空中回荡着胜利的呐喊，还有怒吼和垂死之人的呻吟声。在“飘忽”的队伍中，罗德里戈看见一位戴着王冠的将军，背对着自己，用的盔甲和武器却和自己的一模一样。那位头戴王冠的将军骑着的白色骏马，酷似自己的战马奥雷利亚(Orelia)。混乱中，那位将军下了马，不知所踪，只剩奥雷利亚孤独地在战场上狂奔。

罗德里戈一行惊慌失措地逃离塔内。他们刚跑出来，那尊巨大的青铜雕像便消失了，两个老者也躺在入口处没了呼吸。天象骤变，电闪雷鸣，塔身突然起火，狂风卷起一块块石头，石头被磨成齑粉，石粉随风散开。据说，石粉无论落在何处立刻化为滴滴鲜血。

中世纪的编年史家，无论是西班牙人还是撒拉逊人，都乐于讲述这样的预兆：

传说和幻象，预言和预兆，
在那里，撒拉逊式奇观
和有些许阴郁的哥特式意象相遇了。

各式各样的预兆让摩尔人和西班牙人忧喜交加。对后人而言，能读到此类故事是一种运气。据说，先知在塔里克·伊本·齐亚德面前现身，鼓励他勇往直前，征服西班牙。现在，还流传着很多这样的故事。然而，无论当时隔河相望的摩尔人和西班牙人看到何种幻象，战斗的结局早已注定。得到五千名柏柏尔士兵的支援后，塔里克·伊本·齐亚德的军队勉强凑够一万两千人，而罗德里戈拥有六倍于他的兵力。摩尔人勇敢顽强，善于征战，还有一个英勇的主帅。反观西班牙军队，军中满是饱受虐待的奴隶，将领多是心怀鬼胎的贵族。威蒂萨国王的亲戚都在军中任罗德里戈差遣，但他们打算在战斗中倒戈，帮助摩尔人赢得胜利。他们认为这并不是背叛西班牙——他们认为摩尔人仅为战利品而来，洗劫一结束，摩尔人便会退回非洲。到时，威蒂萨国王也会重返国王宝座。因此，威蒂萨国王的亲戚在当天的战斗中“出力不少”，将西班牙最美丽的地方拱手送给了摩尔人。摩尔人对西班牙长达八百年的统治拉开了序幕。

看到西班牙军队的阵仗，看到站在华盖下身披闪亮盔甲的罗德里戈，摩尔人的心一下子沉了下来。见此情形，塔里克·伊本·齐亚德大声疾呼：“将士们，前有敌人，后有大海。唯有拼死一搏，方得一线生机！”士兵们士气大振，大吼：“誓死追随齐亚德将军！”士兵紧随齐亚德冲入战场。这场恶战持续了整整一周，两方都发生了很多感人的故事。罗德里戈一次次重整旗鼓，但威蒂萨国王的亲戚背信弃义，改变了战局，随之而来的是西班牙军队的大溃败。

罗德里戈手下的人惊慌失措、四散而去，

当第八次战斗失败时，他们既没了信心，也没了希望；

看到阵地已失，罗德里戈所有的希望都破灭了，

他转过身，独自一人离开了战场。

战场上的一切都沾满了灰尘和鲜血，像要留下些许阴暗的印记。

罗德里戈从战火中走来，频繁的砍杀已让他手里的利剑成了一把泛着青紫色的锯子，

镶着宝石的铠甲污迹斑斑，头盔坑坑洼洼。

罗德里戈爬上了周围最高的那座山，

在这里，他久久注视着大溃败的场面，最后再看一眼。

他看到了己方的战旗破烂不堪，湿漉漉地被扔在地上，

他听到胜利的狂欢，听到摩尔人轻蔑的呼声。

他的目光搜寻着自己爱将的身影，

那些率领西班牙军队奋战的英勇的将领们，

除了战死的，都逃走了，谁能数清为国捐躯的有几个？

目之所及，血染每一寸土地，

他边嗫嚅，边泪如雨下：

昨夜我还是西班牙之王——今天就不是了；

昨夜我还躺在美丽的城堡里——今晚，我又该宿在何处？
昨夜百名侍从跪着服侍我——
今晚，我的人一个都没了，一个都没了。
哦！真不幸呀。不幸的一刻，让人诅咒的一天，
这是我拥有这个身份后就注定的！
今晚，我竟然看到太阳落山了，多郁闷啊！
死神啊，这一刻你怎么走得那么慢，怎么不把我带走？

上面是一首古老的西班牙民谣所记载的内容。至今，罗德里戈的命运仍是个谜。战后第二天，人们在河岸上发现了罗德里戈的战马和鞋子，但没有见到他的尸首。不出意外，他应该是溺亡后被冲进了海里。但西班牙人不相信这些，他们给罗德里戈的死披上了圣洁的神秘面纱——罗德里戈活着时绝对享受不到这种待遇。罗德里戈被演绎成了亚瑟王(King Arthur)那样的救世主。西班牙人认为，他会从栖身疗伤的某个海岛平安归来，带领基督教徒再次对抗摩尔人。在西班牙某些传说中，罗德里戈的余生都在虔诚的苦修中度过。为了惩罚自己犯下的罪行，他要忍受身体慢慢被毒蛇吞噬之痛，直到偿还全部罪行。“肉体的痛能减轻精神的苦。”罗德里戈想要离开那个自己疗伤的小岛，而同胞们也翘首期待他的凯旋。

第二章

征服浪潮

The Wave of Conquest

“哦！主啊，这不是简单的征服，像是末日审判。”[①]在给哈里发瓦利德一世的信中，穆萨·依本·努赛尔这样描述瓜达莱特大捷。瓜达莱特大捷让摩尔人惊叹不已。围绕这次大捷，西班牙编年史家写了罗德里戈失败的各种故事。瓜达莱特大捷无疑使摩尔人拥有了整个西班牙。塔里克·伊本·齐亚德和一万两千名柏柏尔人毕其功于一役，赢得了整个伊比利亚半岛。还有零星的几座城市垂死挣扎，但摩尔人不费吹灰之力就能将其拿下。齐亚德想乘胜扩大战果。努赛尔非常嫉妒齐亚德获得的巨大荣誉，命他停止进攻。但被好运眷顾的齐亚德无视军令，果断出击。他将军队一分为三，派到伊比利亚半岛各地，开始毫不费力地攻城拔寨。他派一个叫穆希思(Mughīth)的下属带着七百名骑兵夺取科尔多瓦。夜幕降临，潜伏已久的队伍悄悄接近了科尔多瓦。一场雹暴[②]掩盖了马蹄声，摩尔人认为这是天意。有个牧羊人告诉摩尔人，城墙上有道缺口，缺口下长着一株无花果树。那儿成了进攻的突破口。一个身手矫健的士兵爬到树上，再跳到城墙上。他把长头巾的一头扔给同伴，将他们一个个拉了上来。士兵们出其不意地袭击了科尔多瓦的卫兵，打开城门，没费多大力气就攻占了科尔多瓦。科尔多瓦总督和卫队躲到了一座修女院里，被团团围住，困了三个月。被

① 在世界末日来临之时，神将死者复生，并裁决他们。——译者注

② 降雹时间超过十五分钟并且雹块很大的一种破坏性天气现象。——译者注

托莱多城的太阳门

围困的人投降时，犹太人已经趁机夺取了科尔多瓦。犹太人用实际行动向摩尔人表明自己是他们坚定的盟友。此后，犹太人得到摩尔人的优待。摩尔人认可犹太人，从未像哥特人那样迫害过犹太人。这种良好关系维持了很长一段时间。摩尔人征战的地方总能看到犹太人的身影。摩尔人在前面打仗，犹太人在后面做生意。战争结束后，犹太人、摩尔人和波斯人共同发展哲学、艺术和科学，这让撒拉逊人的统治在中世纪(Middle Ages)熠熠生辉。

犹太人的帮助加上西班牙人的恐惧，加速了塔里克·伊本·齐亚德的征服步伐。西班牙人都弃城逃进山里，齐亚德的军队不费吹灰之力拿下了阿奇多纳(Archidona)。马拉加(Malaga)投降了，埃尔维拉(Elvira)遭到猛烈攻击。出入穆尔西亚(Murcia)的山口由特奥德米尔(Theodemir)扼守。特奥德米尔小心谨慎，勇敢无畏，坚守了很长一段时间。然而，他听信谗言，在平原上和摩尔人打对垒战，很快被打败了。在一名侍卫的保护下，他逃到了奥里韦拉(Orihuela)。在奥里韦拉，他使用了一条妙计。穆尔西亚的男子都已战死，城里几乎没有男丁了。特奥德米尔让女人穿上男装，戴上头盔，拿着像长矛一样的长棍当武器，还用头发遮住下巴，好似留着胡须一样。这群女人列队驻守在城墙上。夜色中，摩尔人渐渐逼近，看到城防这么牢固，顿觉心里一沉。特奥德米尔手举一面休战旗，让自己的侍卫换上传令官的衣裳，两人前去投降。摩尔人没有认出特奥德米尔，彬彬有礼地接待了他们。特奥德米尔说：“我是代表奥里韦拉的总督来的，为了彰显您的宽宏大量和保留他的尊严而来。您看，奥里韦拉不会被轻易攻下，但我们的总督不愿自己的士兵白白战死。如果您允许城中的人带着财产离开，明天一早，我方就会把这座城献给您。否则，我们将誓死抵抗，战斗到只剩最后一人！”听了这番话后，西班牙人和摩尔人拟定了一份投降书，摩尔人在投降书上盖上印章，特奥德米尔也提笔签了名。这个时候，特奥德米尔才说：“看看我，我就是这座城的总督！”黎明时分，奥里韦拉城门大开。摩尔人等着看一支劲旅如何离城。他们看到了什么？身着破旧盔甲的特奥德米尔和侍卫在前面领路，后面跟着一大群老弱妇孺。“昨晚看到的守城士兵去哪儿了？”摩尔人不解地问。“没有士兵，”特奥德米尔答道，“请抬眼看看，这就是我的守军。这些女人和我一起守住了这座城。这位是昨晚跟随我的使者，也是我的侍卫和随从！”摩尔人被耍了。但摩尔人长官对这条妙计赞不绝口，最后竟任命特奥德米尔为穆尔西亚的总督。从此，这个地方被撒拉逊人称作“特奥德米尔之地”。摩尔人这时就已开始践行骑士精神，比几百年后赢了他们的西班牙骑士早了几百年。就连几百年后最终胜出的西班牙人也称他们为“格拉纳达骑士、绅士，即使他们是摩尔人”。

格拉纳达骑士，

尽管身上流淌着摩尔人的血。

与此同时，塔里克·伊本·齐亚德继续向托莱多进发。他一直在搜寻哥特贵族，期待在科尔多瓦遇到他们，并与他们一决高下。哥特贵族都跑到阿斯图里亚斯(Asturias)大山里避难了。犹太人将托莱多献给了摩尔人。背叛者在新政府中任职，如威蒂萨家族的人和休达伯爵朱利安。其他贵族都消失得无影无踪，把西班牙留给了摩尔人。实际上，西班牙变成了哈里发统治下辽阔帝国的一部分。摩尔人在大马士革建都，控制着一个从印第安山脉一直延伸到赫拉克勒斯之柱的帝国。要想使西班牙安定下来，穆萨·依本·努赛尔必须付出很多，还有很多工作要做。听说齐亚德节节胜利时，努赛尔带着摩尔人十万火急地横渡直布罗陀海峡而来，想要争取属于自己的全部荣耀。712年夏，他亲率一万八千人登陆伊比利亚半岛，先后攻克卡莫纳(Carmona)、塞维利亚和梅里达(Merida)，在托莱多和齐亚德会师。会师的情形并不友好。齐亚德盛情迎接努赛尔，努赛尔却用鞭子抽打了齐亚德，劈头盖脸地骂其不遵守军令，称不可能将摩尔人的未来交给一个这么鲁莽浮躁之人，还把他关进了监狱。这一因嫉妒而产生的暴行很快传到了瓦利德一世的耳朵里。瓦利德一世将努赛尔召回大马士革，恢复了齐亚德在西班牙的指挥权。

返回大马士革前夕，努赛尔站在比利牛斯山(Pyrenees)上畅想征服欧洲的景象。奉召回大马士革打破了他前进的梦想，但他很快后继有人。早在719年，有位撒拉逊总督就占领了高卢(Gaul)南部的塞普提曼尼亚(Septimania)，还有卡尔卡松(Carcasonne)和纳博讷(Narbonne)等城市，并以占领的地区为中心开始袭击勃艮第(Burgundy)和阿基坦(Aquitaine)。721年，阿基坦公爵伟大的奥多(Eudes)在图卢兹(Toulouse)彻底击败了撒拉逊人，使撒拉逊人的进军路线向西偏移。撒拉逊人洗劫了博讷(Beaune)，向桑斯(Sens)索要贡品。730年，撒拉逊人又夺取了阿维尼翁(Avignon)并多次侵扰邻近地区。纳博讷的新总督阿卜杜拉赫曼·迦菲齐(Abd al-Rahman Gafizi)决意征服整个高卢。阿基坦公爵伟大的奥多本想趁着图卢兹大捷攻入撒拉逊人的领地，但阿卜杜拉赫曼·迦菲齐遏制了他的行动。现在，迦菲齐开始攻击塔拉科奈斯(Tarraconaise)，大胆入侵阿基坦，在加龙河(Garonne)畔击败了奥多，拿下了波尔多(Bordeaux)。732年，这支大军势如破竹，向图尔(Tours)进军。在图尔，迦菲齐听说了圣马丁修道院(Abby of St. Martin)藏有宝藏的传言。从普瓦捷(Poictiers)赶往图尔的途中，他遇到了埃斯塔勒的丕平(Pepin of Heristal)的儿子查理·马特(Charles Martel)。查理·马特是法兰克王国墨洛温王朝(Merovingian Dynasty)的宫相和实际掌权者。墨洛温王朝的统治者势单力薄，无法抗衡这位实力强大的宫相。摩尔人兴高采烈地战斗，想着这将又是一个瓜达莱特大捷，就好像从加来(Calais)到马赛(Marseilles)的广大区域已是自己的囊中之物一样。对欧洲有决定意义的时刻到来了！接下来的这场战役是“世界上十五场决定性的战役”之一。胜败将决定欧洲的未来：基督教盛行，还是伊斯兰化？未来的巴黎圣母院(Nôtre Dame)是座教堂还是清真寺？圣保罗大教堂(St. Paul's)里应该唱《羔羊颂》(*Agnus Dei*)圣歌，或者是萦绕着伊斯兰教喃喃地祈祷呢？如果不是图尔的守军抵抗住了摩尔人进军的步伐，那么摩尔人一定会打过英吉利海峡(English Channel)。然而，像命中注定一样，摩尔人的扩张已达极限，接下来要面临的就是撤退。查理·马特和手下的法兰克士兵不像罗马化的西班牙人和哥特人那样无能。法兰克人不仅同摩尔人一样顽强，还有一个不容忽视的优势——体型高大魁梧。经过六天的局部战斗后，迎来了第七天的决战。查理·马特麾下军队气势如虹，横扫摩尔人的军队。从那日起，查理·马特的“马特”之名——“铁锤”之意，即得名于此役。追随查理·马特的法兰克人深受鼓舞，排山倒海般冲向摩尔人。摩尔人土崩瓦解，四处逃散。战争的爆发地有个让人不寒而栗的名字——勇士大道。

摩尔人意欲侵占西欧的企图破灭了，西欧面临的危险解除了。摩尔人统治西班牙南部几百年，但这次惨烈的战役让他们在几百年内不敢觊觎法兰克。他们控制纳博讷和比利牛斯山脉以北地区的时间很长，一直到797年。后来，他们甚至冒险突袭普罗旺斯(Provence)，但目前摩尔人只能收住野心。图尔战役毕其功于一役，一劳永逸地确保了法兰克王国的独立，亦为摩尔人的入侵划定了界限。摩尔人的游牧部族如潮水般涌入法兰克人的土地。现在，查理·马特发声了：“你的前进将止于今日，

萨拉戈萨的阿尔哈菲利王宫拱门

你的骄傲将永息于此。”

摩尔人的英勇让法兰克历任国王都印象深刻。法兰克国王偶尔也会出兵骚扰一下西班牙，但真心想征服西班牙的只有一人。有“第二个亚历山大大帝(second Alexander)”美誉之称的查理大帝(Charlemagne)，他一想到比利牛斯山脉以北的势力就心绪难平。作为一名虔诚的基督教徒，他发誓要铲除异教徒；作为一个统治者，安达卢西亚的存在，是对他尊严的挑衅。机会终于来了——第一位统治西班牙的伍麦叶家族(Omeyyad stock)的阿卜杜拉赫曼自立为埃米尔[①]，引起了一些人的不满，而这些人很容易造反。查理大帝应邀出手干预西班牙内政并驱逐阿卜杜拉赫曼。据西班牙编年史学者记载，佩拉约(Pelagius)的后代阿斯图里亚斯国王阿方索二世(Alfonso II of Asturias)向查理大帝求援。不过，更多迹象表明是对西班牙失望的几个穆斯林酋长(Moslem chiefs)发起的邀约。这些酋长无法容忍阿卜杜拉赫曼一世(Abd al-Rahman I)的统治，即使倒向伊斯兰教的死敌，也不愿承认他。穆斯林酋长的邀约来得正是时候，查理大帝刚刚降服撒克逊人，放逐了撒克逊人的首领维杜金德(Wittekind)。数千名维杜金德的手下正陆续赶到帕德博恩(Paderborn)接受洗礼，皈依罗马天主教。因此，查理大帝可以腾出手谋划别的事情了。按照事先约定，他负责

① 756年，阿卜杜拉赫曼自立为埃米尔，称阿卜杜拉赫曼一世。——译者注

进攻西班牙，而这些穆斯林酋长会在三个地方制造小骚乱，配合他的行动。然而，这个计划最终失败了，刚刚诞生的科尔多瓦酋长国幸运地躲过一劫。查理大帝算错了时间，穆斯林酋长们之间也开始出现不和。777年，当查理大帝越过比利牛斯山脉时发现自己孤立无援，于是开始围攻萨拉戈萨(Zaragoza)。这时，突然有消息传来——维杜金德打了回来。他召集撒克逊人重返战场，已经打到了科隆(Cologne)。查理大帝只能迅速撤军，赶紧回到法兰克。他的大军已经翻过比利牛斯山脉，但当后军途径龙塞斯瓦耶斯关(Pass of Roncesvalles)时，一场灭顶之灾悄然降临。巴斯克人和法兰克人相互仇恨。那时，巴斯克人巧妙地埋伏在比利牛斯山脉的乱石丛中，等待着查理大帝率前军通过，耐心地等到查理大帝后军穿过龙塞斯瓦耶斯关。忽然，巴斯克人饿狼般扑向查理大帝的后军，后军几乎无人能逃。基督教编年史家记述了当天耸人听闻的大屠杀。据他们说，是撒拉逊人和莱昂(Leon)骑士联合起来给查理大帝制造了这场浩劫。传奇英雄贝尔纳多·德尔·卡皮奥(Bernardo Del Carpio)如何带领莱昂骑士屠杀查理大帝的后军，在古老的西班牙民谣中就有记载。

贝尔纳多·德尔·卡皮奥率领三千莱昂骑士从城中开拔，
让西班牙人不受法兰克敌人的长矛攻击；
他从镶嵌在大海中的城市——莱昂出发了，
为了保住老佩拉约(Old Pelayo)胜利的名声和荣耀。

我们生而自由，这些士兵大声疾呼。我们还应向国王奉上我们的赤胆忠心，闻令而动。

奉上帝之命去帮助国王，

但上帝从未命令我们，

将一片被奴役的土地留给子孙后代。

我们的胸膛还没虚弱到要背弃我们的誓言，

我们的手臂还没无力到要背弃我们的誓言，

我们依旧热血沸腾，决不背弃我们的誓言。

因害怕查理大帝或圣骑士而出卖我们的自由，

这是不可能的！

我们至少要行使与生俱来的权利，亲爱的，不流血，他们拿不到奖赏。

查理大帝，如果是上帝选定的西班牙王，

至少将目睹莱昂人的抗争会有所收获。

他将见证我们会为昔日喜爱的国王而死——

吟游诗人吟唱的将不仅仅是努曼蒂姆(Numantium)的骄傲。

在利比亚血淋淋的海洋中洗净爪子的狮子，

难道不应该为昔日的法律和自由而战吗？

涂油的胆小鬼可能会把黄金送给喜欢的人，

但阿方索二世消灭不了坚定的信心和精神。

阿斯图里亚斯王室向查理大帝表示效忠，但莱昂的骑士拒绝这样做。一些浪漫的故事提到这些骑士和一群英勇的撒拉逊人并肩作战，联手偷袭了撤退中的法兰克人。普塞多–图尔潘(Pseudo-Turpin)曾写过查理大帝和圣骑士奥兰多(Orlando)的传奇故事，其中提到，“三万精力充沛的撒拉逊人如猛虎下山般冲向基督教徒，基督教徒因连续奋战而筋疲力尽。迅猛的攻击从高处倾泻而下，几乎没人能逃脱。有些人被长矛刺穿，有些人被乱棍打死，还有人被斩首、焚烧、活活剥皮或吊死在树上”。这场大屠杀令人毛骨悚然，深深刻在当地人的脑海里。当拿破仑·波拿巴(Napoléon Bonaparte)麾下的元帅被英格兰军队追击，通过龙塞斯瓦耶斯山口时，英格兰军队听说了关于这场屠杀的古老民谣。西班牙吟游诗人创作了许多虚实难辨的关于战争的民谣，其中最著名的一个是《瓜里诺斯将军之歌》(*ballad of Admiral Guarinos*)，就是堂吉诃德(Don Quixote)和桑丘·潘萨(Sancho Panza)在托沃索(Toboso)听到的那首民谣。故事情节来自米格尔·德·塞万提斯(Miguel de Cervantes)的真实生活。

法兰克人啊，穿过龙塞斯瓦耶斯山口的那天多么令人沮丧，

因为查理大帝的长矛在那里断成两截。

你们很可能会诅咒那个让人悔恨交加的战场，

因为参战的众多贵族，在贝尔纳多·德尔·卡皮奥的进攻下一败涂地。

就在那里，查理大帝的将军瓜里诺斯被俘虏，

七个摩尔人的首领包围了瓜里诺斯，让他成为阶下囚。

这首民谣还讲述了瓜里诺斯被囚禁的故事，还有瓜里诺斯如何在赛马时复仇的故事，如何杀死绑架者，脱身后策马前往法兰克王国的故事。

令人敬畏的圣骑士罗兰(Roland)——时任布列塔尼(Brittany)边境指挥官——也命丧当日。在与查理大帝有关的传奇故事中，圣骑士罗兰同朗斯洛特(Launcelot)爵士是一个人。他的事迹流传甚广。在重围中，他苦战了一整天，手握名剑杜兰德尔(Durenda)不断砍杀，但这样的英勇无力回天。他伤痕累累，身边满是好友的尸体。他慢慢地舒展身体，躺在地上，似乎丧失了希望。他先拔出自己那把剑——杜兰德尔，握着这把剑的手臂很快就要解脱了。他说："啊，光芒万丈的剑，不长不短，称心如意。最白的象牙做你的剑柄，华丽的黄金十字架装饰着你的剑身，剑首似一枚蓝宝石苹果，上面刻着上帝的圣名。你不仅锋利无比，还有许多其他优点。以后，谁会和你并肩作战，谁又会成为你的主人呢？拥有你的人从未被征服过，从未被他的敌人吓倒过，包括幽灵。在全能的上帝的帮助下，他与你一起消灭信奉伊斯兰教的人，提升人们对基督教的信心，赢得了至高无上的荣耀。哦，快乐之剑，万千利刃中最锋利的一把，独一无二的一把。锻造你的人，并未将你据为己有！剑锋所指，无人能逃。"为了避免名剑杜兰德尔落入懦夫或异教徒手中，他举起名剑杜兰德尔用力向一块巨石挥去，剑身断成两截。然后，他吹响了号角，嘹亮的号角声压过其他所有号角声。他竭尽全力地吹着号角，直到脖子上的静脉破裂。

可怕的号角声，
在方塔比安(Fontarabian)上空回响。

查理大帝也听到了号角声。当时，他已经安营扎寨，躺下歇息，对八英里外后军的遭遇一无所知。那凄凉的号角声仿佛在讲述一个悲伤的故事。查理大帝本来可以快速回应圣骑士罗兰的召唤，但一个叛徒告诉他，这是圣骑士罗兰打猎弄出的动静。最终，他没有回应圣骑士罗兰的召唤。他驾崩时还在为此事忏悔。法兰西贵族鲍德温跑到查理大帝面前禀明了一切，还带来了圣骑士罗兰和奥利弗(Oliver)的死讯。于是，查理大帝急忙率军赶到龙塞斯瓦耶斯。那里尸横遍野。查理大帝是第一个找到圣骑士罗兰遗体的人。圣骑士罗兰呈十字形静静地躺在地上，旁边是其号角和断剑。见此情景，查理大帝痛苦地叹着气，抽泣着，因圣骑士罗兰之死而痛彻心扉。他扭着双手，扯着胡须，喊道："啊，君主的右臂，法兰克人的骄傲，正义之剑，灵动之矛，不破之胸铠，安全之盾牌，撒拉逊人的噩梦，神职人员的保护神，孤儿寡母的朋友，公正忠诚的审判者，著名的法兰克伯爵，我军英勇的首领，我为什么要把你留在这里等死呢？我怎么能眼睁睁看着你死去而一人苟活呢？为什么留下我一个人独自伤心，一个可怜的国王？但你已到了天国，一定会有天使和英雄伴你左右！”终其一生，他一直在哀悼圣骑士罗兰。法兰克大军在圣骑士战死的地方驻扎下来。罗兰的遗体被用香树脂、芦荟和没药[①]做了防腐处理。当天晚上，法兰克军人都守候在罗兰的遗体旁，用赞美诗和歌声表达敬意。山中遍布熊熊篝火。后来，法兰克人把圣骑士罗兰迎回故土厚葬。危险的一天就此结束。

当勇敢的圣骑士罗兰和奥利弗，
每一个圣骑士和贵族，
都战死在龙塞斯瓦耶斯时。

这些行为在战争中司空见惯，却成了很多英雄传说和歌谣的主题。这次战役可与温泉关(rmopylae)战役相媲美。虽然没有温泉关战役那么重要，但其魅力丝毫不逊于温泉关战役。

① 没药，液状树脂，气味芳香，用来制作芳香剂、防腐剂、止痛剂等。——译者注

第三章

安达卢西亚人

The People of Andalusia

732年，查理·马特的胜利阻止了摩尔人入侵欧洲的步伐。摩尔人放弃了进一步征服的念头，着手巩固、经营已经占领的地区。在已经占领的地区，他们统治了近三百年——除了查理大帝短暂、失败的入侵。在西班牙北部山区，被驱逐的哥特人的后代仍坚持要求独立，时不时地想要夺回失去的部分领地，这些侵扰让人烦不胜烦。但直到11世纪，哥特人并未真正危及摩尔人对西班牙大部分地区的统治。想要征服哥特人的后代需要付出很多代价，这并不划算。两害相权取其轻，摩尔人接受了西班牙北部地区的独立。他们把加利西亚(Galicia)、莱昂、卡斯蒂尔(Castile)和比斯卡亚(Biscayan)留给基督教徒，自己则心满意足地统治着西班牙富饶美丽的地方。基督教徒可以尽情享受北部的荒原，只要别来打扰摩尔人温暖肥沃的南部和东部地区。8世纪，摩尔人的统治边界已基本固定。11世纪开始，基督教的影响进一步扩大。在将近三个世纪的时间里，北部基督教和南部伊斯兰教之间的分界线大致位于瓜达拉马山脉(Sierra de Guadarrama)一线。瓜达拉马山脉从葡萄牙的科英布拉(Coimbra)向东北方向一直延伸到萨拉戈萨。流经萨拉戈萨的埃布罗河(Ebro)算是一个大致的边界。因此，摩尔人拥有肥沃的塔霍河(Tagus)谷、瓜迪亚纳河谷和瓜达尔基维尔河谷。瓜达尔基维尔河的名字可以证明撒拉逊人曾是这儿的主人，因为它是撒拉逊语“瓦迪尔凯布河(Wadyl-Kebir)”或“大河”的变体。摩尔人拥有安达卢西亚各著名的城市。此外，这些地方气候条件良好，从罗马时代

阿尔坎塔拉城

起就商业发达，经济繁荣。因此，这些地方备受统治者青睐。这种南北分裂有一定的地理原因，北方凄清荒凉，寒风凛冽，经常下大雨，适合放牧，很多地方不宜耕种；南方虽然受到从非洲吹来的热风的影响，但温暖和煦，灌溉条件良好，有利于耕作。大高原将南北两块地隔开。虽然西班牙大部分土地受摩尔人控制，但摩尔人并非高枕无忧。对摩尔人这样喜欢阳光的种族来说，寒冷的高地没什么吸引力，也就留给最先追随塔里克·伊本·齐亚德的柏柏尔人。摩尔人摘取了胜利的果实，还总看不起柏柏尔人。

为了与整个伊比利亚半岛区分开，摩尔人一直将这片占伊比利亚半岛三分之二面积的地方称为“安达卢斯”(Andalus)，即我们称的“安达卢西亚”(Andalusia)。不同种族的人生活在这片土地上，保持着各自的生活习惯。摩尔人在此建立了一个神奇的国家——科尔多瓦王国(Kingdom of Córdova)，这是中世纪的奇迹。当整个欧洲都陷入野蛮、无知和冲突时，只有科尔多瓦王国高擎求知和文明的火炬，在西方世界面前闪耀着灿烂的光芒。人们先入为主地认为摩尔人和之前的蛮族一样，带来的只有暴政。这种想法是错误的。摩尔人对安达卢西亚的治理前所未有的温和、公正，很难说清他们的管理才华源于何处。因为一出撒拉逊沙漠，他们就迎来了一场又一场胜利，没时间钻研如何管理征服之地。他们的顾问团里不乏希腊人和西班牙人，但这仍说明不了问题，因为同是这批顾问却无法在其他地方创造这样的辉煌。哥特人统治时期，西班牙官员殚精竭虑，臣民却无法容忍他们的统治。总体来说，在摩尔人的统治下，民众是满意的，比以往更开心。以前的统治者总在口头上宣称和民众同属一个教派，实际上并没有做到。尽管后来有点棘手，但在开国之初，宗教问题的确没怎么让摩尔人烦恼。西班牙人中既有基督教徒，也有穆斯林。君士坦丁大帝宣扬的新信条在以罗马人为主的广大民众中影响甚微，民众要的不是口头承诺，而是能真正确保生活安稳、经济越来越发达。西班牙人的新主人——摩尔人，让他们梦想成真。

当然，起初，西班牙有过短暂的混乱，但很快就被摩尔人总督平息了。局势稳定后，西班牙人发现，自己的境况至少不比以前更糟，他们意识到自己从权力更迭中受益了。摩尔人允许西班牙人保留自己的法律和法官，允许任用本地人管理本地区事务，处理纠纷，征缴税赋。市民不必负担国家的全部开支，只需缴纳不是非常苛刻的人头税。市民如果拥有可耕种的土地，就需要缴纳土地的赋税，叫“哈拉吉(Kharaj)”。纳税人等级不同，交的人头税也不一样，从每年十二迪拉姆[①]到四十八迪拉姆不等，换算成19世纪下半叶的购买力，约合三到十二英镑。人头税可以分十二个月缴纳，这样人们更容易接受。人头税只针对异教徒，只向基督教徒和犹太人征收。根据土地的产

① 迪拉姆，拜占庭与撒拉逊人做生意时成为流通货币。7世纪末，迪拉姆成为带有统治者名字和宗教诗句的伊斯兰货币，曾在地中海多国流通，包括摩尔人统治时期的西班牙。——译者注

出情况，政府向基督教徒、犹太人和穆斯林平等征收土地税。财产的原主人和各城市还像以前一样继续拥有自己的财产。教会及那些逃到北部山区的土地所有者的土地被没收，但土地上的农奴仍可以留下来继续耕种，只需向他们的穆斯林新领主上缴一定比例的收成，从三分之一到五分之四不等。有时，征服者还给某些城市，如梅里达和奥里韦拉等特别优惠条件——只要缴纳特定的贡品，就能保留自己的货物和土地。即便是最糟糕的时候，除了人头税，基督教徒也没有遭到比自己的穆斯林邻居更苛刻的压榨。他们甚至获得了一项哥特国王从未给过他们的权利——转让自己的土地。在宗教宽容方面，基督教徒没有什么后悔的。哥特人曾强迫犹太人改变信仰，但摩尔人没有迫害基督教徒，而是让他们自由崇拜喜欢的人和物。宗教狂热会影响人头税稳定，而人头税对财政影响深远，所以科尔多瓦的苏丹们并不鼓励宗教狂热。基督教徒对新政权很满意，公开承认自己更喜欢摩尔人的统治，而不是法兰克人或哥特人的统治。754年，在科尔多瓦，贝贾(Beja)的伊西多尔(Isidore)写了一本旧编年史。其中记载，一开始，损失很大的基督教徒接受了统治者的变化。罗德里戈的遗孀埃吉洛纳(Egilona)嫁给了穆萨·依本·努赛尔之子阿卜杜拉-阿齐兹·伊本·穆萨(Abd al-Aziz ibn Musa)。对这样有违道德的联姻，那些有名望的神职人员都没有反对。整个8世纪，没有一次宗教叛乱，这有力地说明了基督教徒对新统治者十分满意。

内华达山脉

被哥特人和罗马人残酷虐待的奴隶尤其要感恩这次改朝换代。在穆罕默德时期，奴隶制是一种人道的制度。但这个古老的制度和伊斯兰教的社会原则冲突。穆罕默德虽然无法废除奴隶制，但尽最大努力减轻了奴隶制的残酷程度。他说："神命令你的兄弟去当你的奴隶，你必须给奉神之命来当你仆从的奴隶兄弟果腹之食、蔽体之衣，不可勉强他做能力之外的事……一个虐待奴隶的人是进不了天堂的。"在他的意识中，释放奴隶是最值得称赞的，释放奴隶还可以使奴隶主为自己赎罪。在安达卢西亚，以前基督教徒庄园上的奴隶几乎都是小农户，现在换了新的主人。新主人醉心战争，打心眼儿里鄙视诸如种地之类的卑微行当，放手让奴隶自由耕种，只要奴隶给他们合理的回报即可。信奉基督教的奴隶有机会不再终身为奴。现在，一条最简单的通往自由之路摆在奴隶面前——只需挑一个离家最近的有名望的穆斯林，跟着他重复入教誓言，就能立即获得自由。皈依伊斯兰教就能获得公民权，从而成为自由人。难怪西班牙的奴隶急于接受伊斯兰教。天主教神职人员忙于照顾自己的庄园和贵族的灵魂，不愿花心血把天主教灌输到小民的耳朵里，不愿费神关照无知者的精神需求。奴隶们本就对天主教一知半解，现在同样对伊斯兰教知之不多。改信伊斯兰教对他们来说不难接受。奴隶不是唯一皈依伊斯兰教的人，许多大的土地所有者和有地位的人也成了穆罕默德的信徒。这些人要么是为了避开人头税，要么是为了保护自己的财产，要么是真心诚意地信奉这种新的、质朴的宗教。然而，这些叛教者注定会给这个国家带来麻烦，很快这一幕就上演了。虽然在改变信仰上人人平等，但叛教者并没有享有平等的基本权利和特权。他们不能获得政府职位，甚至被正直的穆斯林怀疑为投机分子，被怀疑是为了利益会出卖灵魂的人。最终，这些不平等消失了，但很快就引发了严重的争执，甚至叛乱。

对安达卢西亚人来说，摩尔人征服安达卢西亚是件好事。从前，安达卢西亚的大贵族和教会的产业过度膨胀；现在，政府将大贵族和教会的产业分给更多的人。压在市民身上的沉重负担消失了。针对不信教者征收的税也有限定。穆斯林和基督教徒缴纳相同的土地税。大批奴隶重获自由，而未获自由的奴隶的生存条件也从根本上得到了改善。未获自由的奴隶基本上成了自由的农民，为自己不善务农的新主人服务。

然而，胜利者撒拉逊人并没有人们想象的团结。他们以惊人的速度征服了半个文明世界，让人产生了一种他们十分团结的假象。然而，这是大错特错的，事实并非如此。撒拉逊人由一些敌对的部族或氏族组成。很多部族之间有延续几代人的血海深仇。如果新成立的伊斯兰教王国位于撒拉逊半岛，毫无疑问，该王国将在几个部族的斗争中迅速崩溃。事实上，穆罕默德死后，马上就有部族叛乱。对外扩张拯救了信仰，撒拉逊人暂时搁置了会引发自相残杀的嫉妒，联手掠夺战利品。当然，征战的热情受宗教狂热影响。为何战斗？为了对抗共同的敌人。因为殉道者本杰明(Benjamin)的幸福之杯正等着那些踏上“上帝之路”的人。这是撒拉逊人为征战找到的合理借口。恺撒和科斯洛[①]的财富、邻国的沃土和繁华的都市，都是刺激信仰传播的原因。

征战结束，局势稳定下来，撒拉逊人开始治理征服的地方。入侵他国的喧闹和利益使各种嫉妒和纷争暂时被搁置。现在，嫉妒和纷争重新出现，最终引发了一系列灾难性事件。在征服的辽阔疆域的各个角落，出现了派系斗争。这种派系斗争甚至影响了大马士革的哈里发。如何任命最遥远省份的总督，这个问题的背后就是派系斗争。在西班牙，“安达卢西亚的埃米尔(Emīr of Andalus)”由非洲总督或大马士革哈里发任命。摩尔人统治西班牙的前五十年，派系斗争对西班牙的和平与秩序破坏很大。只要某个派系出手，总督就能被任命、罢免，或谋杀。这个派系可能怨恨将政权交给了一个麦地那(Medīna)派的人，也可能反对任用凯斯(Kays)家族的人，或者是反对提名也门(Yemen)派成员。在摩尔人统治西班牙期间，一直存在派系斗争。对西班牙来说，这是非常危险的。

在安达卢西亚，除了撒拉逊人的各个派系，还有一个非常重要的派系不可忽视。对伊比利亚半岛的征服，几乎全凭塔

① 科斯洛，指古代西亚一些帝王常用的名字，这个名字来自古波斯语，其字面意思是“伟大的声望”。——译者注

里克·伊本·齐亚德率领柏柏尔人完成。这些柏柏尔人对西班牙的影响很大。他们不像罗马化的西班牙人那样虚弱，而是充满活力和战斗力。在山中要塞，在众多声名显赫的部族中，在从埃及到大西洋的大平原上，他们顽强地抵抗撒拉逊人的入侵。他们比训练有素的波斯和罗马士兵的战斗力更强。他们和撒拉逊人有很多相似之处：都处于氏族社会，政治上都要求民主，都尊重贵族。这样一来，预防了纯粹民主给无知的柏柏尔人带来的伤害。柏柏尔人的作战风格很像撒拉逊人。他们和撒拉逊人互相争斗了七十年。最终，撒拉逊人占了上风，柏柏尔人归顺了，但没有投降。柏柏尔人允许撒拉逊总督在海岸附近建立宫廷，但要求保留柏柏尔人的政权，要求撒拉逊人视自己为兄弟，而不是仆人。这种制度一度运作良好。柏柏尔人很容易轻信他人，乐于接受任何新信仰，非常热情地信奉伊斯兰教。这种热情打消了撒拉逊人的怀疑。柏柏里很快成了滋生宗教异端的温床。一些想象力丰富的人创造出神秘的元素，嫁接到其他信仰上。正统教区古板僵化，不认同穆罕默德的人被驱逐出去。这群人发现柏柏尔人头脑简单，可以帮助他们传播自己的学说。塔里克·伊本·齐亚德和一万两千名柏柏尔士兵征服了西班牙，带来普遍的宗教皈依。现在，同样的宗教热情又要引发新的运动。马拉布特(Marabout)，也可称为圣人、传教士或牧师，对柏柏尔人产生了很大的影响。这种影响连部族首领或撒拉逊统治者都望尘莫及。马拉布特故弄玄虚，就能把一大群信男信女聚到神坛周围，使他们目瞪口呆。看到一位女祭司用戏法操纵人群，一位撒拉逊将军马上意识到这种把戏有多受欢迎。心思剔透的将军如法炮制，很快成了“戏法”高手。然而，一个容易受“戏法”影响的民族，一个由神职人员支配的国家，很容易爆发暴力革命。马拉布特是北非大部分暴力的源头——他建立了法蒂玛王朝，把阿尔摩拉维德人(Almoravides)顺利地送出柏柏里和西班牙，后来又让阿尔摩哈德人(Almohades)推翻阿尔摩拉维德人的统治。他很早就开始反抗撒拉逊统治者。当一位撒拉逊总督为了满足自己对奢侈生活的欲望，搜刮民脂民膏时，马拉布特发动柏柏尔人叛乱。很快，整个地中海西岸地区揭竿而起。撒拉逊人一败涂地。三万名士兵从叙利亚赶来平定叛乱。这些士兵和仍然留在非洲的撒拉逊人并肩作战，遭到大肆屠杀。叙利亚残军被关在休达。在休达，每天等待叙利亚残军的只有饥饿和屠杀。

安达卢西亚的柏柏尔人与柏柏里的同胞关系一直很亲密，他们很快受到741年非洲爆发的革命的影响。在与西班牙的战争中，撒拉逊人获利最大。柏柏尔人对此感到不满，因为战利品是柏柏尔人用弓箭和长矛拼来的。撒拉逊人恰巧赶到收割了胜利的果实，趁机占了整个伊比利亚半岛上条件最好的地方。柏柏尔人得到的却是条件最差的地方——尘土飞扬的埃斯特雷马杜拉平原(Estremadura)、冰雪皑皑的莱昂山区。他们在非洲的酷暑下长大，现在却不得不与寒冷的气候做斗争。另外，他们怀疑撒拉逊人利用了自己，自己统治的地区成为撒拉逊人和北方基督教徒之间的缓冲地带。他们开始表现出不满。莫努萨(Monousa)是塔里克·伊本·齐亚德手下的一位柏柏尔将领，娶了阿基坦公爵伟大的奥多的女儿。当听到同胞在非洲受到压迫时，他马上揭竿而起，扩大了战局。后来，柏柏尔人顺利越过直布罗陀海峡，北部各地区也相继反叛。边疆的柏柏尔人，还有加利西亚、梅里达、科里亚(Coria)及其周围的柏柏尔人，都拿起了武器，向托莱多、科尔多瓦和阿尔赫西拉斯等地进军。他们打算从这些地区乘船过海，与在柏柏里的同胞会合。

形势十分危急。当时，阿卜杜拉·梅利克(Abd al-Melik)是安达卢西亚的撒拉逊埃米尔。他曾坚决拒绝向被关在休达的叙利亚残军提供援助。现在，他陷入同样的两难境地，要么向反叛自己的柏柏尔人投降，要么和自己一直拒绝援助的叙利亚人合作。然而，请神容易送神难，叙利亚人可能比柏柏尔人更难缠。阿卜杜拉·梅利克先让叙利亚人承诺完事后马上撤走，然后心惊胆战地派船把叙利亚人接过来。这样一来，安达卢西亚的撒拉逊人势力大增，柏柏尔人溃不成军。在西班牙，撒拉逊人像猎杀野兽一样猎杀柏柏尔人。然而，阿卜杜拉·梅利克竭力防范的事还是发生了：请来的叙利亚人拒绝拿已经到手的安达卢西亚沃土去换非洲的沙漠，拒绝再面对柏柏尔人的长矛。他们杀害了阿卜杜拉·梅利克，让自己的首领取而代之。在安达卢西亚的原来的撒拉逊人和叙利亚人展开了旷日持久的争斗，发生过战争的土地上满目疮痍。直到哈里发瓦利德二世(Welīd II)任命了一位新的能干的总督，这场战争才结束。敌对的两派被分派到相距遥远的城市定居，犯下罪行的领导人被放逐。因此，叙利亚军队中的埃及特遣队在穆尔西亚定居，把居住地命名为“米瑟(Misr)”或埃及；巴勒斯坦人住在锡多尼亚(Sidonia)和阿尔赫西拉斯；约旦人(Jordan)住在马拉加的雷吉欧(Regio)；大马士革人住在格拉纳达的埃尔维拉。原本在金纳斯林(Kinnesrin)的军队驻扎在了哈恩(Jaen)。至此，在安达卢西亚滋生派系的因素被消除了。但派系斗争仍然严重，政府经常陷入混乱。这时，一个有很高威望，有着大马士革哈里发的权威和血统的统治者出现了。他成了纷争不断的西班牙的统治者，并以科尔多瓦苏丹的名义将所有派别暂时统一起来。这个年轻人就是查理大帝没能成功赶走的人——伍麦叶家族的阿卜杜拉赫曼一世。

第四章

年轻的觊觎者

A Young Pretender

六百年来，撒拉逊帝国的大部分土地名义上归哈里发统治。哈里发意即“继任者”或“代治者”。起初，哈里发实至名归，有很高的权威。从西班牙到兴都库什山脉（Hindu Kush）的辽阔疆域内，哈里发有任命、罢免总督的权力。然而，撒拉逊帝国太大了，想让它围绕一个中心紧紧团结起来，哪怕是短暂的团结，都非易事。慢慢地，很多总督独立了。总督对外宣称绝对忠于哈里发。除了真正的服从，总督可以向哈里发献出任何东西。渐渐地，总督连假装服从都不愿了。信奉异端教条的王朝不断涌现，否定哈里发的权威，谴责哈里发都是篡位者。终于有一天，哈里发的世俗权力像罗马教皇的权力那样不堪一击，哈里发甚至被护卫囚禁在宫殿里。这些护卫本应保护哈里发免受谋逆贵族的伤害。至此，哈里发设立约有三百年了。在哈里发这一头衔存在的后半期，哈里发已经沦为撒拉逊帝国权势滔天的诸侯的玩物。哈里发存在的价值只为诸侯的加冕礼撑场面而已。13世纪，随着蒙古人入侵，在亚洲，哈里发最终被废除了。土耳其苏丹（Sultan of Turkey）虽然宣称自己拥有哈里发的头衔，但已不是传统意义上的哈里发了。

最早摆脱哈里发统治的是安达卢西亚。要厘清为何如此，有一点须铭记：哈里发并不是在一个家族内世代相传的。四大哈里发（或“正统”哈里发）——巴克尔（Bakr）、奥马尔（Umar）、奥斯曼（Uthman）和阿里（Ali）——很多时候是由普选产生的。后来，穆阿维叶·本·阿布-苏富扬（Moāwia ibn Abi-Sufyan）在大马士革被推举为哈里发，从此，开启了伍麦叶家族担任哈里发的历史。从661年到750年，来自伍麦叶家族的哈里发一共有十四位。最后一位伍麦叶家族的哈里发马尔万二世被阿布·阿拔斯(Abu al-Abbas)废黜。阿布·阿拔斯自称“赛法哈(Es-Seffāh)”，意即“屠夫”，是第二个哈里发王朝——阿拔斯王朝(Abbāside Dynasty)的首位哈里发。王朝名字源自其祖先阿拔斯·伊本·阿卜杜–穆塔里卜(Abbas ibn Abd al-Muttalib)，他是穆罕默德的叔叔。阿拔斯王朝的哈里发将首都从大马士革迁到巴格达(Baghdad)。他们长期把控哈里发一职，直到1258年首都巴格达被蒙古人摧毁。在伍麦叶家族中，有个年轻人叫阿卜杜拉赫曼，就是后来的阿卜杜拉赫曼一世。他名字的意思是“仁慈的真主的仆人”。阿卜杜拉赫曼的很多亲人遭到阿布·阿拔斯的无情屠杀，幸存者被满世界追捕杀害。阿卜杜拉赫曼和其他幸存的人仓皇出逃。上天好像眷顾阿卜杜拉赫曼，他居然安全逃到幼发拉底河(Euphrates)岸边。有一天，他正坐在帐篷里看着幼子在外面玩耍，那个孩子突然惊慌失措地向他跑来。他马上走出帐篷，看发生了什么。村子里一片混乱，阿拔斯王朝的黑衣军队已近在眼前。年轻的阿卜杜拉赫曼匆匆抱起幼子冲出村子，来到河边。黑衣军队几乎要追上来了。士兵们嘴里喊着不要怕，说不会伤害他们。追随阿卜杜拉赫曼的一个人，实在游不动了，转身回去了。回去后，他立刻被砍头。阿卜杜拉赫曼坚持游到了对岸，他的幼子和仆人贝德也到了岸边。上岸后，他们夜以继日地赶路，终于到达非洲，和其他族人会合。阿卜杜拉赫曼总算有时间想想未来了。

阿卜杜拉赫曼只有二十岁，满怀希望和抱负，勇敢无畏。他有很多优点，如意志坚强、出身高贵、精力充沛。然而，撒拉逊历史学家提到了他的一些缺陷：他瞎了一只眼，嗅觉失灵。孩提时，就有智者预言他将来大有作为。现在，虽然伍麦叶家族已经覆灭，但阿卜杜拉赫曼并未一蹶不振。他想到了非洲，因为他非常清楚阿拔斯家族的崛起让自己在东方失去了机会。在柏柏里海岸边徘徊了五年后，他意识到推翻撒拉逊总督绝非易事。西边的柏柏尔人已经造反。想用受伍麦叶家族统治的虚无荣耀换取他们刚赢得的独立也不现实。因此，他把目光投向了安达卢西亚。在安达卢西亚，各个派别争斗不休，为这位觊觎者提供了机会。这种形势对阿卜杜拉赫曼这样有世袭权力的人非常有利。阿卜杜拉赫曼派仆人贝德去西班牙见叙利亚人的各位首领。这些首领中的很多人都是伍麦叶家族的自由人[①]。根据阿拉伯荣誉准则的要求，这些首领有义务救助老领主——伍麦叶家族。贝德发现首领们愿意接纳阿卜杜拉赫曼。经过和其他派别的谈判，他还争取到也门人的支持。随后，他返回非洲。

阿卜杜拉赫曼正在祈祷。这时，他看到有船慢慢驶近，好消息随之而来。来自安达卢西亚的使者拜见了阿卜杜拉赫曼。

① 是指通过合法手段获得自由的奴隶。——译者注

他叫阿卜-加力布·特马姆(Abu-Ghālib Temmām)，意即“征服之父”。因为东方人都爱从细节中寻找预兆，所以这个人的名字是个好兆头。阿卜杜拉赫曼喊道：“我们将得偿所愿，征服这片土地！”他马上登船，于755年9月驶往西班牙。他来到安达卢西亚就像一出浪漫的历史剧，很像1745年“年轻的王位觊觎者[①]”抵达苏格兰的情景。这则消息像燎原之火迅速传遍安达卢西亚。伍麦叶王朝的老臣连忙向阿卜杜拉赫曼致敬，伍麦叶家族自由人的后裔也听凭阿卜杜拉赫曼调遣。也门人对阿卜杜拉赫曼没有多少特殊的感情，但被他的追随者的热情感染。他们也信守承诺，团结起来支持阿卜杜拉赫曼。安达卢西亚的总督发现大军不听指挥了，只能等待新的派遣军。另外，冬天雨季已经来临，不适合打仗。这让阿卜杜拉赫曼有时间招募和训练新兵。

756年春，阿卜杜拉赫曼和西班牙总督优素福·伊本·菲赫里(Yusuf ibn al-Fihri)正式开战。在阿奇多纳和塞维利亚，阿卜杜拉赫曼受到热情迎接。他准备从这两个地方向科尔多瓦进军。优素福·伊本·菲赫里率领军队迎战。因为雨水泛滥，瓜达尔基维尔河两岸的两支军队紧急行军，都想优先赶到科尔多瓦。阿卜杜拉赫曼用了一个和其高贵身份不相符的手段：他打出和

---

① 1745年6月，詹姆斯二世的孙子——“年轻的王位觊觎者”查尔斯·爱德华，带着一批追随者悄悄在苏格兰西海岸登陆，试图复辟斯图亚特王朝。——译者注

平的幌子诱导菲赫里。菲赫里同意让阿卜杜拉赫曼的军队渡过水位下降的河流。阿卜杜拉赫曼的军队刚上岸，就扑向毫无戒备的对手。阿卜杜拉赫曼的军队大获全胜，进入科尔多瓦。阿卜杜拉赫曼睿智地遏制了部下掠夺的冲动，并将菲赫里的家人保护起来。756年底，他成了西班牙信仰伊斯兰教地区的统治者，称阿卜杜拉赫曼一世。科尔多瓦的伍麦叶王朝(Omeyyads Of Cordova)，一个延续了近三百年的王朝建立了。

然而，阿卜杜拉赫曼一世需要历经多次争斗才能坐稳埃米尔位。他确实已成功夺取统治之位。这片土地上派系林立，但统一大业是由统一一个个小小的派系完成的。与大多数人相比，阿卜杜拉赫曼一世更善于控制自己。这是他成功的一个原因。他行动迅速，不拖泥带水，无所顾忌。他的政策灵活多变，总能及时应对出现的紧急情况，经受住考验。他抵达安达卢西亚没多久，伊本-穆吉特(Ibn-Mughith)就从非洲出发，奉阿拔斯哈里发曼苏尔之命在西班牙建立阿拔斯黑衣政权。伊本-穆吉特率军在贝贾登陆，很快就在心怀不满的人中找到了支持者。这些支持者总爱搞些新动作。在卡莫纳，阿卜杜拉赫曼一世被困两个月，形势千钧一发，每拖一天伊本-穆吉特就会获得更多的增援机会。他足智多谋，听说伊本-穆吉特放松了警惕，立马召集七百名最英勇的追随者。他吩咐架起一大堆篝火，声明现在是生死攸关的时刻，还把剑鞘抛入火中，以示获得自由前刀剑绝不入鞘。七百名追随者也效仿他。然后，他们追随阿卜杜拉赫曼一世突围，杀向敌人。阿拔斯王朝的军队被彻底击败。阿卜杜拉赫曼一世偶尔也会显露出有损自己形象的残暴。他把敌军将领的脑袋分别装到袋子里，每人耳朵旁还贴上写有姓名的标签。然后，把这个“珍贵”的大袋子托付给一个前往麦加的朝圣者，让他亲自交给阿拔斯王朝的哈里发曼苏尔(Al-Mansūr)。当看清袋子里的东西时，曼苏尔异常愤怒。他忍不住喊道：“谢天谢地，我和那个人之间隔着一片海！”科尔多瓦那位成功的埃米尔——阿卜杜拉赫曼一世，让阿拔斯王朝深恶痛绝，但又被其勇气和本事折服。曼苏尔称阿卜杜拉赫曼一世为“古莱什(Koreysh)之鹰”。曼苏尔惊呼：“阿卜杜拉赫曼一世表现出的胆识、智慧和谨慎让人震惊！他被迫亡命天涯，在一片难以接近、守卫严密的遥远之地栖身。在那里，他利用相互敌对势力的嫉妒心，从中获利，让他们相互攻伐，而不是与自己为敌。他赢得臣民的尊敬和服从，克服一切困难，成为至高无上的统治者！说实在的，这真是前无古人啊。”

挫败阿拔斯王朝军队入侵后，阿卜杜拉赫曼一世又取得了一系列胜利。在他的诱使下，长期反对他的托莱多人同意交出自己的首领，和他签订和平协议。这些首领惨遭羞辱，被钉死在十字架上。也门人的首领很危险。阿卜杜拉赫曼一世赐给他一张安全通行证，引诱他进入王宫。在王宫里，阿卜杜拉赫曼一世试图亲手杀死也门人的首领。但也门人的首领太强壮了，最终，他的护卫将也门人的首领暗杀。北部边界的柏柏尔人发动了大规模暴动。阿卜杜拉赫曼一世用了十年时间才使他们屈服。与此同时，也门人十分仇恨杀害自己首领的凶手，趁阿卜杜拉赫曼一世不在北方，也反叛了。他们还没意识到阿卜杜拉赫曼一世的旺盛精力和奸诈狡猾。以前，阿卜杜拉赫曼一世利用派系间的嫌隙，离间反叛柏柏尔人；现在，他又故技重施，在也门人中制造争端。在敌军中，柏柏尔人占多数。阿卜杜拉赫曼一世在他们身上大做文章，诱使他们逃离战场。然后，他出兵猛打，歼敌三万。就这样，战场变成巨大坟场。长期以来，战场吸引着好奇之士前往观瞻。三位心怀不满的撒拉逊首领和查理大帝结成强大联盟，险些毁了阿卜杜拉赫曼一世苦心经营的一切。然而，在到达萨拉戈萨前，这一联盟甚至还没有遇到对手阿卜杜拉赫曼一世，就在龙塞斯瓦耶斯分道扬镳了。

此后，阿卜杜拉赫曼一世终于能在和平的环境里享受胜利的果实。他以钢铁般的意志制服了西班牙的一切敌对分子，击败叛乱的撒拉逊首领。他杀了叛乱首领，证明自己才是西班牙的主人。然而，暴政、残忍和背信弃义会带来报应。暴君可以强迫别人臣服，却强求不了民众效忠。用暴力赢得的权势不得不靠暴力维持。诚实的人拒绝为一个喜欢背叛和谋杀的统治者服务，而阿卜杜拉赫曼一世就是这样一位统治者。原来拥护阿卜杜拉赫曼一世的人，最初欢迎他来西班牙的人，目睹了他的残忍后，转身离开了。为躲避阿拔斯王朝屠杀，他的亲人涌进他的势力范围避难。他的亲人难以容忍他的专制。这些人一次又一次地密谋废黜他，结果都丢了脑袋。他成了孤家寡人：老朋友抛弃了他；对他无可奈何的敌人喋喋不休地咒骂他；连亲人和仆人也开始反对他。也许是因为长期与各派系缠斗摧毁了他的善良，也许是因为他天生冷酷无情。他怀疑每一个人。科尔多瓦街道上熙熙攘攘的人群中也曾有他的身影。现在这样的日子一去不返。血腥的过去让阿卜杜拉赫曼一世精神涣散，愈发阴郁。他骑马穿过街道时，必须有从外国雇来的强大侍卫的层层保护。四万非洲人成了他的保护伞。这些侍卫对给自己发薪水的主人有多忠诚，对要镇压的民众就有多仇恨。像大多数安达卢西亚的撒拉逊人一样，阿卜杜拉赫曼一世有诗人气质。当感到孤独时，他为一棵从先祖的土地上移植过来的棕榈树作了一首诗。诗中，他怜悯这棵背井离乡的树，说：“你和我一样，也被迫和亲朋好友分开。现在，你在异国他乡的土地上扎根生长，离故土那么遥远。”他实现了年轻时的宏图大志。他在异乡打拼，凭一己之力征服了一方。他征服了撒拉逊人和柏柏尔人，给征服的土地重新带来了和平与秩序。不过，他做的一切都是以牺牲臣民的感情为代价的。他像“年轻的骑士”一样来到西班牙，赢得了当地撒拉逊人的尊敬和忠诚。然而，三十二年后，躺在棺木里的却是一个可恶的暴君。黄金换来了雇佣兵的忠诚。雇佣兵的剑支持阿卜杜拉赫曼一世坐在“血迹斑斑”的统治之位上。阿卜杜拉赫曼一世开启了用刀剑统治西班牙的模式，继任者也纷纷向他学习。正如杰出的摩尔人历史学家所说，很难通过其他手段约束骚动不安的撒拉逊人和柏柏尔人。没有雷霆手段，很快就会出现混乱。撒拉逊人和柏柏尔人都不习惯被统治。然而，尽管闪耀着无上的荣耀和胜利之光，这幅暴政画卷始终夹杂了丝丝忧伤。

一位古代的撒拉逊历史学家伊本·哈扬(Ibn Hayyan)这样描绘科尔多瓦的第一位埃米尔阿卜杜拉赫曼一世，说："阿卜杜拉赫曼一世心地善良，富有同情心。他善于言辞，有敏锐的洞察力。他经过深思熟虑才做出决定，并且能贯彻到底。他活泼好动，决不轻易躺着休息，也不放纵自己。他从不把政务推给他人，总是亲力亲为，遇到困难就向有智慧、有经验的人请教。他是一个无畏的勇士，在战场上总是身先士卒。他愤怒时让人害怕，不能容忍反对之声。他的面容让那些靠近的人，无论敌友，均产生敬畏之情。他常常跟在棺材后面为死者祈祷。每周五，在清真寺里，他经常走上讲坛当众发表演讲。他探望患病者，与民同乐。"这无疑是年轻时的阿卜杜拉赫曼一世。反对派和阴谋诡计还未将他变得疑神疑鬼、残忍暴虐。权力是一个可怕的东西，会反噬拥有权力的人，让其变得"面目全非"。

暴君死后，国家应该怎么运转？这是一个人们应该考虑的问题。常规答案是革命和无政府状态。刀尖上得来的王位，想父传子并不容易。然而，伍麦叶王朝并未随着阿卜杜拉赫曼一世的死亡而灭亡。人们预测，在阿卜杜拉赫曼一世驾崩后，他曾竭力压制的各方敌对力量会加倍报复。然而，事实并非如此。可能是因为他把对手吓破了胆，让对手一时难以重拾勇气，或者在他的继任者身上，人们看到了一个与他截然相反的继承人。即位的是一个值得爱戴和尊敬的人，西班牙的局势得以安稳。788年，希沙姆·伊本·阿卜杜拉赫曼(Hisham ibn Abd al-Malik)即位，称希沙姆一世(Hisham I)。即位时，他三十岁，集所有美德于一身。他的统治时间很短。统治期间，他勤勉地践行一切美德。他刚刚即位，就有一位占星家预言他只剩八年的寿命。他想用这短短的时间为来世做准备。年轻时，他的宫殿里挤满了有学问的人。“孩童是成人之父”，也就是三岁看老。他希望能一直保持上进——直到驾崩前。他做的善事数不胜数。他是穷人和受迫害者的保护神，还派信任的使者到西班牙各地巡视，镇压不端行为，确保公平正义。他安排人手夜间在街道上巡逻，预防暴乱和恶行。另外，他还严罚作恶者，把罚款分给那些冒着大雨和严寒，坚持晚上去清真寺的善良的人。他亲自去探望病人，经常在风雨交加的夜晚给虔诚的病人送吃的，并在病床边看护病人。他不是个懦夫，更像是一个真正的撒拉逊人——他亲自率军对抗北方的基督教徒。尽管人们亲切地称他为“和蔼可亲的人”和“正义的人”，但当叔叔们的阴谋威胁到自己的统治时，他也绝不手软。他扩充了禁卫军，让他们日夜不停地在河两岸值守以保护自己的宫殿。他喜欢打猎。坊间流传说，重建科尔多瓦大桥是为了方便他打猎游玩。流言传入他耳中，他便发誓再也不走科尔多瓦大桥。他真的说到做到。壮观的科尔多瓦大桥至今仍屹立不倒。八年还没过完，品德高尚的希沙姆一世就驾崩了。然而，他的善良使西班牙滋生了一个新的叛乱因素。

新的叛乱因素源自伊斯兰教“神父”。“神父”这个词不够精确，因为在伊斯兰教中没有严格意义上的像天主教神父一样的神职人员存在。清真寺中诵经祈祷和每周布道的人都是从商店或其他行业中挑来的人。在伊斯兰教中，俗人和“神父”之间没有区别。但还是有些人或多或少符合我们说的神职人员的要求。在伊斯兰教国家，一直生活着一批将一生献给信仰的人，他们可能是遵循特殊仪式的苦行僧，也可能是《古兰经》的诵读者，或者只是神学学生。这些学生追随一些有名望的老师，老师的学说让他们激情澎湃。这样的人在整个伊斯兰教世界到处都是，值得每个伊斯兰教国家认真对待。开罗(Cairo)阿兹哈尔清真寺(Al-Azhar Mosque)里的学生，君士坦丁堡的索法塔(Softas)，东部许多城市中的穆拉(Mullas)，都向世人展示了狂热带来的影响。现在，这即将影响安达卢西亚。

神学学生的主体是变节者及其儿子。西班牙人愉快地接受了伊斯兰教，并且像大多数皈依者一样，变得十分虔诚。阿卜杜拉赫曼一世太聪明、太精于世故了，绝不让神学家——特别是那些西班牙神学家——在西班牙拥有任何影响力。虔诚的希沙姆一世并未察觉到神学家带来的危险。即使是察觉到了，他也没放在心上。他相信圣人，因为圣人被戒律森严的教规约

科尔多瓦大桥

束。但他不知道圣人也会萌发世俗的野心和对权力的热爱。碰巧，出现了一位才华横溢、头脑活跃的人来领导神学家。他就是叶海亚(Yahya)。穆罕默德死后，被葬在圣城麦地那(Medina)。叶海亚是受圣地、圣光青睐的宠儿。宗教狂热和政治野心吞噬了他的灵魂。宗教狂热和政治野心的结合经常会对各国造成严重破坏。对希沙姆一世，叶海亚表现得无比虔诚。这把科尔多瓦神学家的影响力和权势提升到了一个新高度。看到这一幕，精明的阿卜杜拉赫曼一世可能会气得从棺材里跳出来。当然，只要神学家和统治者能找到相处之道，一切都会相安无事。796年，善良的希沙姆一世驾崩后，宫廷剧变。新埃米尔哈卡姆一世(Al-Hakam I)并非对宗教漠不关心，也绝非放浪形骸之人。然而，他性格乐观，喜欢交际，享受生活，身上找不到丝毫禁欲主义的影子。顽固的神学家们很反感这样的人，一提到哈卡姆一世就心生厌恶，公开祈祷他能改变，甚至当面羞辱他。神学家发现他举止轻浮，无可救药，就密谋让伍麦叶家族的其他成员登上埃米尔之位。然而，神学家的密谋被发现了，许多带头参与密谋的贵族和一些狂热的神学家被钉死在十字架上。然而，这吓不倒大众。806年，在偏执的人的煽动下，人们再次反叛。反叛很快又被镇压下去。托莱多的贵族也习惯性地造反了。这次，他们被背信弃义之徒诱骗，落入哈卡姆一世手中。最后，托莱多的贵族被全部杀光了。托莱多贵族的可怕命运也阻止不了科尔多瓦人再次反叛。

事实上，被称为“自由日(Day of Foss)”的托莱多大屠杀让人印象深刻。七年来，科尔多瓦的狂热分子都不敢有大动作。托莱多贵族的尸体被扔进一个可怕的洞里。时光流转，这段记忆变得越来越模糊，科尔多瓦又有反叛的迹象。科尔多瓦人情绪高涨，反对哈卡姆一世。因为后者拒绝披麻衣、涂灰①和禁欲。科尔多瓦人更反对哈卡姆一世庞大的“哑巴”卫队。之所以叫“哑巴”卫队，是因为卫队军人多是黑人，他们不会说撒拉逊语。哑巴卫队的军人不敢单独上街。因为落单的哑巴卫队的军人肯定会被围攻，甚至被谋杀，几个人一起才可以保证安全。一天，哑巴卫队有个军人惹了众怒。在数千名住在科尔多瓦南郊的神学学生的带领下，人群步调一致地冲向科尔多瓦王宫。他们无视防御工事和守卫士兵，决心要攻陷科尔多瓦王宫。望着面前的人山人海，哈卡姆一世惊愕地看着不怕死的暴徒击退自己的精锐骑兵。生死悬于一线时，他沉着冷静。这是伟人与生俱来的品性吧。回到大厅后，哈卡姆一世吩咐侍从海辛斯(Hyacinth)拿一瓶麝香猫香水②来，平静地亲手将香水涂到自己的头发和胡须上。这一幕让海辛斯目瞪口呆，说：“凶残的暴徒正在攻门呢。”哈卡姆一世对自己面临的危险心知肚明，回答道：“闭嘴，浑蛋！如果我的头发不散发着甜蜜的香味，你觉

① 将祝圣过的棕枝烧成灰，涂在额头上，作为悔改的象征。——译者注
② 麝香猫尾部有个囊体，从中提取出来的分泌物可用来制作香水。——译者注

得暴徒能在一堆头颅中找到我的吗？”紧接着，他召集官员，部署防御。防御方法虽然简单，但效果惊人。哈卡姆一世派一个堂兄带着一支骑兵迂回到南郊，让堂兄在那儿放了一把火。围困科尔多瓦王宫的暴徒惊慌失措地往回跑，想把妻儿老小从着火的房子里救出来。这时，他自己率兵紧追其后，前后夹击。暴徒死伤惨重。可怕的哑巴卫队纵马冲杀，砍倒一大片，对暴徒的求饶无动于衷——也许是因为他们听不懂。他的谋略挽救了科尔多瓦王宫，暴乱变成了一场大屠杀。

然而，当胜利在望时，哈卡姆一世收手了。他下令摧毁暴徒居住的南郊，驱逐当地居民。被驱逐的当地居民不计妇孺，共有一万五千人逃到了亚历山大(Alexandria)，进入了克里特岛(Crete)，还有八千人去了非洲的非斯(Fez)。大多数被驱逐的当地居民是原来西班牙人的后裔，他们信奉伊斯兰教，也想找机会宣泄对撒拉逊人统治的不满。然而，主犯——法基赫[①]或神学学生，都没有受到惩罚。一方面是因为他们中有很多撒拉逊人，另一方面是出于对他们职业的尊重。有一个主犯被拖到哈卡姆一世面前，他怒目圆睁，声称自己是按照神的旨意惩罚哈卡姆一世的。哈卡姆一世给出了令人难忘的回答：“命令你恨我的人，现在命令我赦免你。走吧，在神的庇佑下好好活着！”

---

① 法基赫，伊斯兰法学家，也是伊斯兰法理学和伊斯兰法方面的专家。——译者注

第五章

基督教的殉道者

The Christian Martyrs

在位二十六年后，即822年，哈卡姆一世驾崩。他留给即位的儿子阿卜杜拉赫曼二世(Abd al-Rahman II)的是一个相对稳定的国家。科尔多瓦的暴徒被制服并流放；偏执的人也受到了终生难忘的教训；和基督教国家接壤的边界时有骚乱，骚乱偶尔会被镇压。阿卜杜拉赫曼二世遗传了哈卡姆一世享乐的天性，意志却不够坚定，不能自我克制。他将科尔多瓦变成了第二个巴格达，还效仿阿拔斯王朝哈里发哈伦·拉希德(Harun-er-Rashid)挥霍无度。不久前，哈伦·拉希德刚抛下纸醉金迷的享乐生活，驾崩了。阿卜杜拉赫曼二世大兴土木，建造宫殿，修整花园，建造了大量清真寺、豪宅和桥梁。像所有有教养的穆斯林统治者一样，他热爱诗歌，自称是个了不起的诗人，尽管诗句有时由他人捉刀，他只管出钱就行。他品味高雅，性情温和，易于被他人左右。在整个执政期间，有四个人掌控着他：第一个人是个乐师，第二个人是个神学家，第三个人是个女人，第四个人是个奴隶。对阿卜杜拉赫曼二世影响最大的是神学家叶海亚，以前就是他煽动学生反对哈卡姆一世的，现在又是他左右着阿卜杜拉赫曼二世的思想。在政务方面，阿卜杜拉赫曼二世的妻子托鲁拜(Tarūb)和奴隶纳斯尔(Nasr)拥有发言权。乐师齐尔雅布(Zaryāb)只对有品位的东西和文化方面的事情感兴趣，拒绝参与庸俗的政治斗争。齐尔雅布是波斯人，师从巴格达著名音乐家摩苏尔人(Mosilite)艾萨克(Isaac)。有一天，在给哈伦·拉希德表演时，他的风头盖过了老师艾萨克，遭到老师艾萨克的

11 世纪摩尔人造的象牙匣子

嫉妒。艾萨克这个怒火中烧的摩苏尔人让齐尔雅布在死亡或流放间选一个。齐尔雅布选择了流放，来到西班牙，受到风度翩翩的阿卜杜拉赫曼二世的热情款待。阿卜杜拉赫曼二世给了齐尔雅布一笔可观的年金，赏赐给他食物、住处、津贴和其他特权。这位幸运的乐师收入颇丰。阿卜杜拉赫曼二世对才华横溢的齐尔雅布宠爱有加：让他坐在自己身边；与他分享食物；连续几个小时听他唱歌；听他讲述美好故事；听他讲信手拈来的智慧谚语。齐尔雅布熟记了一千多首歌，曲调各异，还说这是精灵教给他的。他在鲁特琴上加了第五根弦，别具一格的演奏风格让人难忘。听过他的演奏后，人们就再难忍受其他人的演奏。有学生跟他学音乐，他的教学方法与众不同。他经常让学生坐下来，试着唱出最大声。如果声音微弱，他就让学生在腰间系根腰带来提高音量。如果学生说话结巴或有其他问题，他就让学生口噙一块木片，直到练到下巴可以自由伸展为止。接下来，如果这个学生能大声喊“啊”，还能喊很长时间，他就收学生为徒，严加训练，否则就直接开除。从未有人如他那样优雅、机智、风趣。他很快成为安达卢西亚最受欢迎的人，并像盖厄斯·佩特洛尼乌斯(Gaius Petronius)和博·布鲁梅尔(Beau Brummell)一样成了时尚评判员。他改变了人们的发型。他把芦笋和碎肉丸引入安达卢西亚。这道菜被称为“齐尔雅布炖肉丸”。他带头用玻璃而非金属器皿饮酒，在皮床上睡觉，在皮席上用餐，还制作了很多其他精致的东西。他提倡逐渐减少衣物，从冬天的厚重到夏天的轻薄要慢慢减少，不能像旧习俗那样突然减少。在时尚界，他的一言一行成了标杆。只要齐尔雅布这位受人追捧的享乐主义者认为什么东西迷人并且必要，其他人就会效仿。

然而，当宫廷上下忙着品尝新菜品或收拾新发型时，就在科尔多瓦城，阿卜杜拉赫曼二世的一些臣民正被深奥的思想洗脑。危及摩尔人统治和平的不是外敌。阿卜杜拉赫曼二世身上不乏勇气和对军事荣耀的热爱，曾多次率领军队成功战胜北方的基督教徒。这些基督教徒在“虔诚者”路易(Louis Debonnaire)[①]的资助下，不断越境冒险突袭西班牙。然而，这些零星战斗不可能撼动伊斯兰教在西班牙的稳固地位。一个统治者统治初期的麻烦定是来自内部。目前来看，统治者麻烦的源头是科尔多瓦的少数基督教徒。大多数基督教徒接受了伊斯兰教，因为他们能受到善待。他们信仰自由，统治者不会干涉他们的信仰。像穆斯林一样，基督教徒能自由贸易。他们还有什么不满足的？复国？鉴于当时情形，复国无异于痴人说梦。大多数基督教徒早已放弃复国，享受温和、宽容的伊斯兰教统治者带来的政策福利。

在安达卢西亚，放弃复国顺从伊斯兰教统治者的想法很普遍。但顺从“异教徒”的统治，总让一些雄心勃勃或狂热的基

① 即法兰克国王路易一世。——译者注

督教徒很恼火。他们记得自己的教堂过去的权力和荣光，尤其是神父，无法克制对摩尔人的仇恨。因为摩尔人夺走了他们拥有的地位和荣光，用伊斯兰教教义取代了基督教教义。摩尔人的宽容激怒了狂热的基督教徒。基督教徒宁愿像古代圣人那样被迫害，因为他们渴望成为勇士。他们憎恨摩尔人，因为他们不会“为了正义迫害自己”，这就断了他们升入天堂的捷径。这些虔诚的基督教徒尤其憎恨摩尔人公开的享乐。摩尔人享受生活、追求乐趣。摩尔人的音乐、学识和科学，都让这些苦行僧般的基督教徒深恶痛绝。对真正的基督教徒来说，生活只有鞭策和斋戒，救赎和忏悔。通过苦难净化自我，虽然肉体承受屈辱，但精神得以升华。事实上，禁欲主义或修道院形式的基督教如何在基督教徒身上体现，马上就会揭晓。西班牙基督教徒突如其来的狂热取代了过去的冷漠。一场殉道竞赛开始了。

看到有信仰的人为了信仰舍弃自己的生命，也舍弃别人的生命，这是一件令人悲哀的事情。为了修炼，巴力(Baal)的祭司用刀子割伤自己，印度的苦行者让指甲穿过自己的手掌。安达卢西亚的自杀事件并不比这些更合理或更具宗教色彩。西班牙“殉道者”的疯狂举动用心良苦，但很不理智。基督教不会教导基督教徒为了被折磨和被杀害带来的喜悦而肆意放弃自己的生命。这不是说在奉行信仰时，基督教徒受到迫害或阻碍，也不是说摩尔人对基督教一无所知，需要向基督教徒宣讲。摩尔人比许多基督教徒更了解《圣经》。只要提到耶稣基督的名字，摩尔人必会加上一句“愿上帝保佑他”。伊斯兰教教义承认基督教具有启发性，反复强调对基督教的深深敬意。摩尔人并非对基督教一无所知，但他们更喜欢自己的信仰。他们不反对基督教徒坚持自己的信仰，基督教徒没理由把自己装扮成受迫害信徒的英雄形象。事实上，基督教徒找不到合理的理由殉道，因为摩尔人允许他们自由地举行宗教仪式，他们的布道和传教也不受任何干扰。除非基督教徒离开福音之路，或者抛弃基督的教导，否则找不到受迫害的合法理由。耶稣基督曾教导道：“爱你的敌人，善待那些恨你的人，为那些鄙视你、利用你、迫害你的人祈祷。”没有人卑鄙地利用或迫害基督教徒，大多数基督教徒丝毫不受骚扰。虽然一些街头顽童或俗人有时会公开嘲弄基督教徒，但有教养的穆斯林从未这样做过。这些可怜的基督教徒没有试着爱温和的穆斯林，而是不厌其烦地诅咒、亵渎伊斯兰教，只是为了让自己成为殉道者。伊斯兰教国家有一条众所周知的法律——亵渎穆罕默德及伊斯兰教的人必须死。这是一条严酷的法律。但后来，在史密斯菲尔德(Smithfield)和牛津(Oxford)的异教徒遭受的残酷对待，比我们写的这段历史还要糟糕。基督教徒不应该蓄意挑起宗教冲突或辱骂其他信仰。明知故犯地违反某条要杀头的禁令，这不是殉道，是自杀。我们不禁为科尔多瓦的“殉道者”感到遗憾。殉道者自身确有问题，即使真的是为信仰而献身的英雄，同样可悲。

这些殉道者的精神领袖是科尔多瓦的攸罗吉阿斯——一

个来自科尔多瓦古老家族的神父。对基督教的热忱，让他声名鹊起。他数年如一日地祈祷、禁食、深刻忏悔和苦修，几乎到了癫狂的状态。正是他诱发了很多误入歧途但英勇无畏的献身之举。他没有任何世俗的欲望，不为个人着想，没有野心。他的目标是用谩骂淹没摩尔人虚伪的信仰，唤醒基督教徒崇高的献身精神。他有自己的拥护者。在科尔多瓦，一个叫阿尔瓦罗(Alvaro)的富有的年轻人一直不遗余力地支持他。还有一个非常狂热的小团体也支持他。这个小团体由神父、修士、妇女和几个平信徒组成。其中有个叫弗洛拉(Flora)的漂亮女孩和科尔多瓦的攸罗吉阿斯关系密切。弗洛拉是异教通婚生下的孩子，由自己信奉基督教的母亲秘密养大。这位母亲还将自己的信仰灌输给女儿。多年来，从外表上看，弗洛拉是个穆斯林。最终，科尔多瓦的攸罗吉阿斯的牺牲精神和热情感染了弗洛拉。《圣经》里的某些经文不断刺激她，比如“凡在人面前不认我的，我在我天父面前也必不认他”。因此，她从哥哥家逃走，藏在基督教徒家中。当时，她的父亲已经去世。她的哥哥是个穆斯林，四处寻她无果。为此，许多神父被指控参与绑架，被投进了监狱。她不愿别人因为她受牵连，所以回到了哥哥家中，承认自己是基督教徒。她的哥哥使出了最后的手段，想迫使弗洛拉公开放弃信奉基督教。她的固执让哥哥勃然大怒。她的哥哥把她带到了嘎迪[①]面前，指控她叛教。根据穆斯林法律，母亲是基督教徒，父亲是穆斯林，孩子出生后即为穆斯林。一直以来，叛教是要被判处极刑的。即使是在19世纪下半叶，这条法律在土耳其仍然有效。从1846年到1886年的四十年里，人们认为这条法律不应执行。然而，在一千年前，别指望人们会宽恕叛教者。对不幸的弗洛拉，嘎迪感到有些内疚，没有判处她死刑，命人狠狠地打了她一顿，让她哥哥带她回家，教她穆斯林教义。弗洛拉再次逃脱，躲到一些基督教徒朋友那里。在那儿，她第一次遇到科尔多瓦的攸罗吉阿斯。美丽而不幸的弗洛拉掉进了攸罗吉阿斯编织的纯洁、温柔的爱情之网。弗洛拉和攸罗吉阿斯之间的感情，就像天使和天使之间的感情。弗洛拉的神秘、对基督教的虔诚和坚不可摧的勇气，在攸罗吉阿斯眼里都成了只有圣人才有的光环。六年后，攸罗吉阿斯写信给弗洛拉时，还将两人第一次见面的细节牢记于心："神圣的修女，你向我展示你被鞭子抽伤的脖子，你挣脱了曾经束缚你的枷锁。你把我当作精神之父，相信我和你一样纯洁忠贞。我轻轻地把手放在你的伤口上，如果我勇敢一些，我多想用吻去抚平它……当离开你时，我像一个在梦中行走的人，不停地叹息。"弗洛拉和另外一个像她一样狂热的姐妹被转移到一个安

① 穆斯林"教法官"的称呼。这一职位最初为总督的私人代表或法律秘书，阿拔斯王朝建立后变成专门实施教法的法官。其主持的法庭称为"教法法庭"，通常设在清真寺。——译者注

全的藏身之地。科尔多瓦的攸罗吉阿斯有一段时间没见到弗洛拉了。

与此同时，科尔多瓦基督教徒的狂热开始“开花结果”。因为受到引诱，一位愚蠢的神父——佩尔费特斯(Perfectus)辱骂伊斯兰教，在开斋节被处决。当时，斋戒已持续了整整一个月，穆斯林都在庆祝斋戒结束。街道上、河面上、科尔多瓦城外大平原上人群熙熙攘攘。在这样的场合，处决犯法的佩尔费特斯增添了新的兴奋点。可怜的佩尔费特斯英勇地死去，留下最后一口气还在诅咒穆罕默德和伊斯兰教。一大群面带嘲弄之意、无情的穆斯林在围观处决佩尔费特斯。科尔多瓦主教带着一群神父和信徒，收敛佩尔费特斯的尸身，将佩尔费特斯的尸身和圣人亚西古拉(Acisclus)[①]的圣骨葬在一起。之后，科尔多瓦主教在教堂主持仪式，封佩尔费特斯为圣人。当晚，两名穆斯林溺水身亡，被基督教徒视为是上帝对杀害佩尔费特斯罪行的审判。不到一年，监督行刑的纳斯尔也死了。基督教徒得意扬扬地宣称：“这是另外的审判！”因为佩尔费特斯预言了纳斯尔的死亡。

很快，一个叫艾萨克(Issac)的修士借口说要改信伊斯兰教，请求面见嘎迪。但博学的嘎迪刚开口讲伊斯兰教教义，艾萨克就开始喋喋不休地咒骂自己要求学习的伊斯兰教教义。嘎迪非

---

① 一位受戴克里先迫害的人。——译者注

常震惊，马上拘禁了艾萨克。他说：“你知道吗，我们的法律规定，像你这样说话的人将面临死刑。”艾萨克回答说：“我愿意，判我死刑吧，我求之不得，因为耶和华说，‘上帝保佑为公义受迫害的人，他们将上天国’。”嘎迪替艾萨克感到难过，恳求阿卜杜拉赫曼二世宽恕艾萨克的罪行，但无济于事。艾萨克被斩首，成了圣人。有确凿证据表明，从童年开始，甚至在出生前，艾萨克就创造了很多奇迹。

不久，阿卜杜拉赫曼二世的一个卫兵——科尔多瓦的攸罗吉阿斯的学生桑乔(Sancho)因为亵渎穆罕默德被砍头。接下来的一个周日，六名神职人员冲到嘎迪面前，高喊：“我们也要像艾萨克和桑乔那样做。”他们马上开口辱骂穆罕默德，边骂边喊：“为你那被诅咒的先知报仇吧！用各种方式对付我们吧！”这六名神职人员被砍了头。后来，又有三名神职人员受感染，兴奋地把自己的脖子伸向行刑人。因此，851年夏，不到两个月的时间里就有十一个人殉道。

许多基督教徒对教友轻率的行为感到沮丧。西班牙人并不热衷于宗教狂热，对自己信仰的宗教教义并不执着，许多人都皈依了伊斯兰教。在长期的友好交往中，穆斯林和基督教徒已经深度融合。基督教徒开始鄙视自己古老的拉丁语言和文学，学习撒拉逊语，想象自己很快就能像撒拉逊人那样读书写字。对这种变化，科尔多瓦的攸罗吉阿斯痛心疾首。他说，基督教徒沉浸在撒拉逊诗歌和浪漫故事里，而不是《圣经》和先贤的作品中。年轻一代的基督教徒只懂撒拉逊语。他们如饥似渴地阅读穆斯林的书籍，认为这些作品令人钦佩。然而，他们懒得看一眼基督教书籍。这些人渐渐遗忘了自己的语言。一千个年轻的基督教徒里几乎没一个能写出像样的拉丁字母，但他们能创作出优秀的撒拉逊诗句。事实上，基督教徒认为撒拉逊的浪漫故事和诗歌比神职人员的著作更具娱乐性。他们变得越来越撒拉逊化，对信仰的区别也越来越漠不关心。对摩尔人的善待，这些基督教徒心存感激。当狂热的同胞突然表现出敌意时，这些普通的基督教徒既惊讶又震撼，想平息这场阴沉沉的风暴，尽力向狂热者讲明这样做是徒劳的。他们与狂热者争论，强调穆斯林对基督教徒一直十分宽容，让狂热者别忘了福音书的教导和使徒的话——诽谤者不得进入天国。但是狂热者认为“如果殉道者的信仰是真的，上帝会为殉道者报仇”。

这些让人敬佩的普通基督教徒不知善恶精神升华的力量，只对邻居尽职尽责。他们用朴素传统的方式祈祷，妄图约束狂热者。他们意识到，持续不断的侮辱和接踵而至的惩罚最终会演变成真正的迫害。科尔多瓦的攸罗吉阿斯用经文和圣徒的生命来反击普通的基督教徒。迫害之火是狂热者的追求，攸罗吉阿斯想要的就是这样的结果。温和派和摩尔人官员共同组成教会当局。他们不能容忍狂热的基督教徒的反叛精神不受谴责地继续存在。在塞维利亚总主教的主持下，主教会议召开了。鉴于教会已经将受害者封为圣人，不能彻底否决以前的“殉难”，只能下令禁止以后再发生类似的事。为落实这一决议，狂热者的头目——攸罗吉阿斯被关进了监狱。在监狱里，他遇见了弗洛拉。有一天，弗洛拉正在教堂虔诚地祈祷，发现身旁站着一个同样虔诚的人。原来是最早的“殉道者”之一——艾萨克的妹妹玛丽(Mary)。玛丽想去天堂和哥哥会合，弗洛拉决定陪着她。她们走到嘎迪面前，亵渎穆罕默德和伊斯兰教，试图激怒嘎迪。两位年轻漂亮的姑娘虔诚地信仰着“人间和平，对人友善”的宗教，却满嘴尖酸刻薄之语，辱骂法官的信仰是“魔鬼的杰作”。然而，她们想激怒善良的嘎迪也不容易。嘎迪厌倦了这种歇斯底里的狂热。当有人送上门找死时，他一般都是装聋作哑。他觉得这两位姑娘很可怜，希望她们不要那么愚蠢，想让她们知难而退，就当没听见她们说的话。但弗洛拉和玛丽锲而不舍，嘎迪只好把两人关进监狱。

漫长的囚禁生活几乎把两个姑娘逼疯了，她们为宗教献身的决心开始动摇。这时，科尔多瓦的攸罗吉阿斯来了，坚定了她们的信心，加速了她们的毁灭。攸罗吉阿斯的任务是世界上最艰巨的——鼓励自己全心全意爱着的女人弗洛拉走上刑台。他虽然很爱弗洛拉，但还是鼓起勇气煽动弗洛拉殉教。他每天承受很大的煎熬，但为了内心认定的正义事业，将永不懈怠。他甚至写了文章来说服弗洛拉。劝弗洛拉无须费太多口舌，让她相信为信仰而死会带来至高无上的荣耀即可。攸罗吉阿斯夜以继日地读书写作，以驱除心中的内疚和爱意，因为这些情感会动摇他的决心。他仍努力鼓动弗洛拉殉教。尽管嘎迪很着急，想帮助弗洛拉和玛丽，但她们毫不领情，毫不放弃，视死如归。在最后一次面谈后，弗洛拉被判处死刑。这时，攸罗吉阿斯见到了弗洛拉。“在我眼里，她就像个天使。”攸罗吉阿斯事后写道，为精神上的胜利而欢欣鼓舞，“天堂的光芒笼罩着她，她的脸上闪耀着幸福之光，似乎已经品尝到了到达天堂的喜悦……当我听到她的甜言蜜语时，我要让她明白有王冠在等她，以坚定她的决心。我崇拜她，俯伏在这位天使面前，恳求她在祈祷时记住我。在她的话语鼓舞下，我回到了阴暗的牢房，悲伤都减轻了。”851年11月24日，弗洛拉和玛丽被处决。攸罗吉阿斯写了一首充满欢乐的诗庆祝他眼中的伟大胜利。

不久，攸罗吉阿斯和其他神职人员获释出狱。852年，阿卜杜拉赫曼二世驾崩，他的儿子穆罕默德即位，称穆罕默德一世(Mohammed I)。穆罕默德一世冷酷无情，压榨大臣的薪水，吝啬粗鄙，让人厌恶。只有神学家喜欢他。因为如果狂热的基督教徒侮辱了伊斯兰教，他都要报复。他下令拆毁教堂，迫害基督教徒，结果适得其反。当主教谴责自杀殉难的行为时，许多基督教徒自愿成了穆斯林，但现在有更多人开始效仿殉道者。根据攸罗吉阿斯和阿尔瓦罗的说法，阿卜杜拉赫曼二世统治时期，很多人放弃了原来的基督教信仰。当基督教徒肆意妄为时，阿卜杜拉赫曼二世和大臣睁一只眼闭一只眼。这种明智的政策现在变成了残酷的镇压，难怪出现了更多的狂热者。

然而，这一小部分狂热者的能量很大，影响力甚至已经不再局限于科尔多瓦。托莱多想让科尔多瓦的攸罗吉阿斯担任其主教，穆罕默德一世不准。在攸罗吉阿斯就职前，这个职位一直空着。两个法兰西神父来到科尔多瓦，讨要一些殉道者的遗物，把圣骨装进袋子里带回圣日耳曼教堂(St. Germain-des-Pres)。这些骨头马上要被向巴黎信徒展示。然而，就在此时，狂热者再次面临不幸，又有一个少女抛弃父母追随攸罗吉阿斯而去。这一次，她和攸罗吉阿斯一起被带到了嘎迪面前。攸罗吉阿斯的罪名是诱使他人改变宗教信仰，面临的惩罚是鞭笞。然而，他期待的不是这么小的惩罚。长久以来，在上帝面前，他保持谦卑，愿意为了信仰，忍受肉体上的任何折磨。鞭笞无法让他屈服。他喊道：“法官，把你的剑磨得锋利点，送我的灵魂去见造物主。鞭笞不能让我过瘾！”接着，他开始大骂穆罕默德和伊斯兰教。

嘎迪并不愿承担判决攸罗吉阿斯这样地位显赫的基督教徒的责任。因此，攸罗吉阿斯被带到了议事厅。有个人开始向攸罗吉阿斯说教。为什么一个有理智、受过教育的人自愿干这些掉脑袋的事？愚人和疯子这样做还可以理解，但攸罗吉阿斯不是这样的人。这个人接着说：“听我的，求求你，做个让步，收回你在嘎迪面前说过的话。只要说句话，你就自由了。”然而，这些话为时已晚。从前，攸罗吉阿斯更愿意当殉道者的引路人，不愿意当殉道者。但这次他自己就要成为殉道者了。他走到了痛苦的尽头，拒绝收回任何话。于是，他被立即带走执行死刑。859年3月11日，科尔多瓦的攸罗吉阿斯被处死。

没了领袖，基督教殉道者失去了信心。我们再也听不到疯狂的殉道故事了。

第六章

伟大的哈里发

The Great Khalif

读到这儿，读者可能会有点失望。因为到目前为止，我们对特别事迹或重大战争的记录很少。我们主要讲述的是大规模的种族或宗教运动，而不是个人英雄事迹。毫无疑问，西班牙历史有个激动人心的开端——塔里克·伊本·齐亚德和手下柏柏尔人的征服运动。前面我们描述了大规模的有决定性意义的图尔战役，战争的细节略显匮乏但很有趣。当写到法兰克人时，龙塞斯瓦耶斯战役的细节很多，但充满了神话色彩。龙塞斯瓦耶斯战役发生一百年后，我们写到了科尔多瓦的攸罗吉阿斯之死和狂热的基督教徒殉道趋势的衰落。在整个9世纪，读者读到的都是杂居在伊比利亚半岛上的不同种族和不同信仰间的斗争。特别事迹毕竟是罕见的，大多数是诗人的艺术创作。诗人的创作给原本平凡的战事披上了理想精神的外衣。自从人类开始出现，种族之争和信仰之争就一直不断。我们绝不能因为缺乏英雄人物，就认为这些种族争斗和信仰缠斗的历史是枯燥乏味的。在科尔多瓦惨痛的殉难时期，无数默默无闻的男女勇敢献身。这些勇敢献身的男女在殉道前被长期监禁，他们经历的痛苦不比在战场上拼杀的骑士少。殉道者以无畏的勇气期待行刑的那一天。基督教殉道者被误导了，无缘无故地丢弃了自己的生命。他们虽然缺乏才智，但勇气可嘉。弗洛拉和为其他事业献身的人一样，都是英雄，科尔多瓦的攸罗吉阿斯即使固执己见，也是个英雄。在这些种族或信仰运动中，发生了无数充满奉献精神和坚韧毅力的故事。尽管历史学家可能会忽略

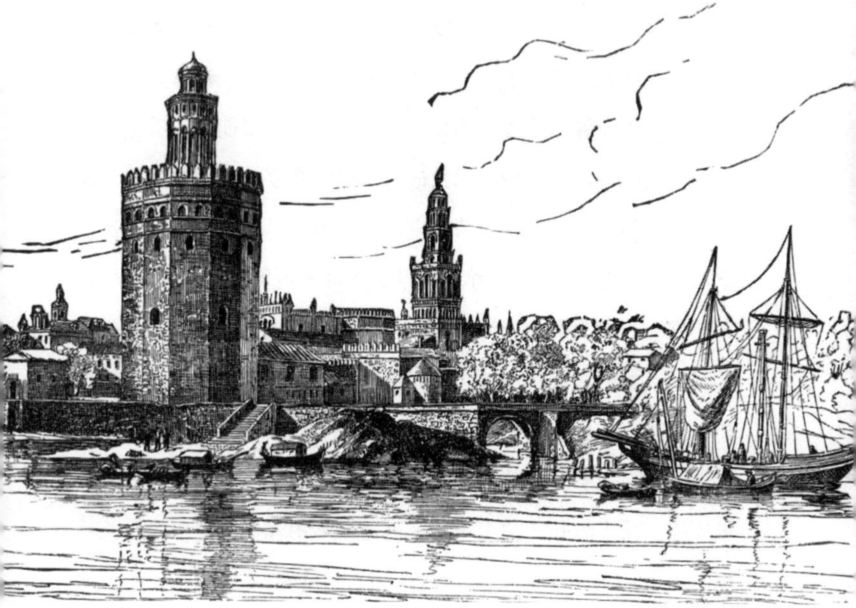

塞维利亚的金塔

这些故事，但故事中的主人公做这些事需要很大的决心和耐力——不起眼的英勇行为往往展露出人类最艰巨的使命，群体的冲突蕴藏着锤炼英勇品质的机会。

从个人身上体现英雄品格要比从整个民族甚或一个城市上体现容易得多。现在，我们要谈到一个人的故事，这个人实现了几乎无人能及的崇高理想。时势造英雄，伟大的统治者是时代的产物。当国家深陷困境、凶兆频现、毁灭近在眼前时，就会出现一个伟大的统治者。他会拯救他的子民，恢复社会秩序，为人民谋福祉，努力再现昔日繁荣，重造一个盛世。10世纪初，西班牙就需要一位这样的统治者。继科尔多瓦基督教徒殉道事件后，各地发生了更危险、范围更广的叛乱。886年，蒙齐尔(Mundhir)接替父亲穆罕默德一世成为科尔多瓦埃米尔后，实施了一系列积极措施。888年，在弟弟阿卜杜拉·伊本·穆罕默德(Abdallah ibn Muhammad)的谋算下，蒙齐尔被暗杀，曾经实施的积极措施随即被废除。阿卜杜拉·伊本·穆罕默德无法消除威胁科尔多瓦酋长国的众多危险。政策朝令夕改，在武力与和解之间摇摆不定，结果两条路都走不通。阿卜杜拉·伊本·穆罕默德卑鄙无耻、残暴无情，所有人都憎恶他，决心不再拥护他。他刚执政三年，安达卢西亚大部分城市就都独立了。现在，国内各地蜂拥而起对抗中央。对每个贵族或酋长来说，无能软弱的统治者和普遍的混乱状态都是机会。无论是撒拉逊人、柏柏尔人，还是西班牙人，都想趁机抢点地盘，谋取利益。于是，他们躲在背后悄悄对抗中央。

古老的撒拉逊贵族是当初征服西班牙的撒拉逊人的后裔，人数不多。这一点本来应该让他们忠于科尔多瓦酋长国，但他们自立为王，特别是在塞维利亚的贵族，成了科尔多瓦酋长国强大的竞争对手。在其他城市，撒拉逊人的实力还不足以公开与阿卜杜拉·伊本·穆罕默德决裂，只好表面上忠诚于他。洛尔卡(Lorca)和萨拉戈萨的总督也不把软弱的统治者放在眼里。在科尔多瓦，阿卜杜拉·伊本·穆罕默德的雇佣兵尚可维持撒拉逊人表面上的臣服。其他地方的撒拉逊人根本不会为伍麦叶家族卖命。

柏柏尔人人数很多，对现有政权的不满不亚于撒拉逊人。他们撕破了屈从于统治者权威的所有伪装，恢复旧有的氏族制度。西班牙西部各地，如埃斯特雷马杜拉，以及葡萄牙南部，现在已经是他们的独立领地。他们还在安达卢西亚、如哈恩，担任各种要职。柏柏尔祖恩努恩(Dhu-n-Nun)家族包括父亲穆萨(MūSa)和三个儿子，是“大流氓和可恶的小偷”。父子几人一样残暴，他们将战火烧到各处，烧杀劫掠，无恶不作。

在接受新信仰时，穆斯林化的西班牙人也接纳了部分撒拉逊文明。他们不是柏柏尔人那样的蛮族，但同样对中央政权充满敌意。这些人完全控制了伊比利亚半岛西南角的阿尔加维(Algarve)，在安达卢西亚各地控制了许多独立的城市和地区。事实上，各主要城市都在秘密反叛或公开反叛。撒拉逊总督、柏柏尔酋长和西班牙叛教者都否认或无视阿卜杜拉·伊本·穆罕默德的权威。奥马尔·伊本·哈夫森(Umar ibn Hafsun)的势力最强大。奥马尔·伊本·哈夫森是个基督教徒，领导埃尔维拉[1]的山地人起义。他有坚固的博巴斯特罗(Bobastro)城堡。凭借博巴斯特罗城堡，他的统治很稳固。他甚至可以对周围地区发号施令。阿卜杜拉·伊本·穆罕默德屡次向奥马尔·伊本·哈夫森发动进攻，均以失败告终。现在，阿卜杜拉·伊本·穆罕默德想和解，结果发现奥马尔·伊本·哈夫森正等着给自己下套。在温和、有教养的改教者卡兹洛纳勋爵(Lord of Cazlona)统治下，“特奥德米尔之地”——穆尔西亚(Murcia)也独立了。卡兹洛纳勋爵治理有方，深受臣民喜爱。在沉迷诗歌创作时，他没忘记保持强大的兵力——他的麾下有五千骑兵。托莱多再次发生了叛乱，但北方基督教徒的嫉妒和分裂拖住了托莱多重新收复失地的步伐。现在，安达卢西亚分裂成无数的小封建领地，更像是分封的庄园或县，而不是曾经强大王国的一个省。因此，面对意志坚定的入侵者，安达卢西亚无法组织有效的抵抗。

当然，混乱中也有缕缕曙光。前文提到穆尔西亚由一个开明、仁慈的诸侯——卡兹洛纳勋爵统治。卡兹洛纳勋爵大力支持诗歌和艺术的发展，诗人和艺术家名声大震。他的大厅用大理石柱子支撑，墙壁用大理石和黄金装饰，宫殿里有所有让生活愉快的东西。伊本-哈吉(Ibn-Haajjāj)称得上塞维利亚的撒拉逊人的统治者，与真正的统治者相比，他一点也不差。他迫

---

① 即后来的格拉纳达。——译者注

使阿卜杜拉·伊本·穆罕默德签下协议，以光明正大的方式行使自己的无限权力。他把城市治理得井井有条，居民生活秩序井然，恶人受到严厉、公正的惩罚。他像皇帝一样捍卫自己的领地，手下拥有一支五百名骑兵组成的护卫队。他身上穿着锦缎袍子，袍子上面用金线绣着自己的名字和头衔。各个地方的人给他献上礼物：埃及的丝绸制品、麦地那知识渊博的法学博士、巴格达技艺绝伦的歌者。美丽的"月亮"女士以优美的嗓音、雄辩的口才和澎湃的诗意而闻名。她这样歌颂道："在整个西方，只有伊本-哈吉之子亚伯拉罕是真正的贵族。尝过与他一起生活的乐趣后，生活在任何其他地方都是痛苦的。"科尔多瓦的诗人被吸引到伊本-哈吉的宫廷。在那里，他们受到亚伯拉罕的热烈欢迎。有一次，一个诗人想通过朗诵一首关于科尔多瓦贵族的下流诗来取悦亚伯拉罕，因为亚伯拉罕不太喜欢科尔多瓦贵族。然而，这个诗人受到亚伯拉罕的冷落。伊本-哈吉说："你错了，这些卑鄙的诽谤诗不会给我这样的人带来一丁点儿满足。"

随着中央权力的衰弱，无数小诸侯和强盗头子的势力不断壮大，科尔多瓦酋长国陷入了混乱状态。安达卢西亚已沦为野心家眼中的猎物，上面提到的丝丝曙光也于事无补。科尔多瓦处境堪忧，满城哀伤，面临着被奥马尔·伊本·哈夫森和勇敢的山地人征服的危险。一个撒拉逊历史学家说："科尔多瓦还没有真正被围困，就已经饱受围困之苦。科尔多瓦成了敌人最先攻击的地方。”半夜，河对岸可怜的农民发出的哀号声将居民一次次从睡梦中惊醒。原来，波雷(Polei)的骑兵正把剑刺向农民的喉咙。一位目击者写道：“这个国家快要彻底灭亡了，灾难不断，偷窃和掠夺盛行。我们的妻儿被抢走沦为奴隶。”人们都抱怨阿卜杜拉·伊本·穆罕默德精力不济，软弱卑鄙。军人也怒声不断，因为军饷断了。各省都停止纳供，国库空空如也。阿卜杜拉·伊本·穆罕默德筹到的钱大多用来贿赂仍在各省支持他的少数撒拉逊人。从空荡荡的市场就能看出贸易惨遭摧残，面包价格高得惊人。人们看不到希望，绝望笼罩着所有人。偏执者认为一切不幸是上天的惩罚，奥马尔·伊本·哈夫森是天怒之源。悲哀的预言折磨着这座城。偏执者大喊：“科尔多瓦，真不幸，大祸临头了。你这个藏污纳垢、腐朽没落之地，灾难痛苦之所。你既没有朋友也没有盟友！长着大鼻子、面目狰狞的奥马尔·伊本·哈夫森，前有穆斯林庇护，后有皈依者保护，他来到你门前，你的命运就终结了！”

在至暗时刻，一线希望出现在科尔多瓦绝望的人眼前。阿卜杜拉·伊本·穆罕默德和臣民都很绝望。尽管追随者灰心丧气，四周的敌人占压倒性优势，但阿卜杜拉·伊本·穆罕默德还是放手一搏，赢了些好处。然后，他做了自己做过最利国利民的一件事——度过二十四年不愉快的统治岁月后，912年10月15日，他驾崩了，享年六十八岁。他的一生见证了伍麦叶家族政权的衰落——一场突如其来、回天无力的崩溃。然而，他的继任者注定会看到权力完整地回到伍麦叶家族手中。

新统治者是阿卜杜拉·伊本·穆罕默德的孙子阿卜杜拉赫曼(Abd al-Rahman)。即位时，他只有二十一岁，即位后，人们称他阿卜杜拉赫曼三世(Abd al-Rahman III)。在这样一个关键的节点，一个年纪轻轻的人即位，可能会引起几个叔叔和其他亲戚的反对。然而，竟无一人反对他即位。相反，他即位，各方都很满意，均表示热烈欢迎。这个年轻的统治者已经成功赢得了民众的好感。他风姿绰约，举止优雅，思辨能力超群。这些品质使他广受欢迎。怀着重新燃起的希望，科尔多瓦人——仅有的还臣服于科尔多瓦酋长国的人——期待着新统治者执政。阿卜杜拉赫曼三世毫不掩饰自己的意图。阿卜杜拉·伊本·穆罕默德的政策时而软弱，时而残酷，给国家造成巨大伤害。阿卜杜拉赫曼三世放弃了阿卜杜拉·伊本·穆罕默德的政策，宣布在伍麦叶家族的统治下，绝不容忍忤逆。他号召心怀不满的贵族和酋长服从自己的权威。他让世人清楚地认识到，自己绝不会让科尔多瓦酋长国的任何一寸土地被叛军控制。这个号召充满胆识，令最悲观的人也感到满意。但这似乎让各地的叛军抱成一团，团结一致的叛军随时可以让无所畏惧的阿卜杜拉赫曼三世粉身碎骨。阿卜杜拉赫曼三世之所以如此“大胆”，是因为他太了解自己的同胞了。奥马尔·伊本·哈夫森和其他叛军的大规模叛乱已经过去将近一代人的时间，大家都觉得收获很多。现在，促使西班牙人——无论是穆斯林还是基督教徒，为独立而战的热情早已退却。只有在热情高涨时，独立运动才能取得圆满成功，否则不会持久。叛军领导人要么已经离世，要么已经年迈。追随者对目前所获心满意足。人们扪心自问，这些独立运动到底给自己带来了什么？安达卢西亚没能摆脱“异教徒”的统治，反而落入一群最糟糕的异教徒手中。他们就是一群强盗，一群最卑鄙的冒险家。科尔多瓦酋长国被一群无法无天的强盗不断骚扰。这些强盗摧毁耕地和葡萄园，把这片土地变成了荒野。什么都比强盗的摧残要好。阿卜杜拉赫曼三世不会把事情弄得比现在更糟，大家都期待着他能改善现状。

因此，当阿卜杜拉赫曼三世开始领军平定叛乱时，超过一半的地方愿意投降。士兵看到英勇的阿卜杜拉赫曼三世身先士卒，深受鼓舞，誓死追随他。多年来，阿卜杜拉·伊本·穆罕默德从没让士兵见识到什么是身先士卒。叛军已经厌倦了混乱状态，稍作抵抗后就打开了城门。安达卢西亚的各大城市纷纷开门迎接阿卜杜拉赫曼三世。科尔多瓦以南的割据势力率先投降；塞维利亚的大门也敞开了；西部的柏柏尔人被降服了；阿尔加维的首领急忙献上贡品。阿卜杜拉赫曼三世开始征服雷吉欧的基督教徒。三十年来，雷吉欧的要塞一直保护着奥马尔·伊本·哈夫森大胆的臣民。没有人比阿卜杜拉赫曼三世更清楚，这将是一场持久战。然而，这个“难啃的硬骨头”被一步步地啃下来了。阿卜杜拉赫曼三世追求正义和荣誉，以十足的诚意遵守与基督教徒的约定，力所能及地给予投降者仁慈。

目睹这一切，一个接着一个要塞投降了。奥马尔·伊本·哈夫森躲在要塞里，拒绝投降。挑衅一如既往的嚣张，但很快，年迈的奥马尔·伊本·哈夫森就去世了。阿卜杜拉赫曼三世的军队进入博巴斯特罗城堡只是时间问题。最终，当站上这座令人敬畏的城堡时，从令人眩晕的高处俯瞰叛军据点周围的悬崖峭壁时，阿卜杜拉赫曼三世百感交集。他双膝跪地，为这次胜利向上天致谢。他开始推行仁慈的政策。待在城堡的日子里，他严格遵守庄严的斋戒仪式。穆尔西亚已经效忠于他，只有托莱多没有屈服。塔霍河上骄傲的城市——托莱多，傲慢地拒绝了他的特赦提议，信心满满地等待着被围攻。但这次不像以前那些软弱的将军们发动的袭击，托莱多守城者一次次在阿卜杜拉赫曼三世的军队围攻下蒙羞。很快，为了让托莱多守城者明白这次围攻不达目的不罢休，阿卜杜拉赫曼三世在托莱多对面的山上建造了一个叫“胜利(El-Feth)”的小镇。他就驻扎在那里，静静等待着战果。因为饥荒，托莱多全城投降，阿卜杜拉赫曼三世进入科尔多瓦酋长国中最后一个叛地。他继承了阿卜杜拉赫曼一世开创的事业，并将其发扬光大。929年，他使用哈里发的称号，使科尔多瓦酋长国转变成科尔多瓦哈里发国。930年，他再次让国土面积达到最广、最大。

阿卜杜拉赫曼三世花了整整十八年的时间收复了之前统治者丢失的大片国土。现在，他功德圆满。无论是从撒拉逊人、柏柏尔人、西班牙人的划分，还是以信仰划分，这些人被他牢

塞维利亚的金塔阿卡萨城堡的万德阁

格拉纳达城外的高架引水渠

牢掌控。此后，他严禁任何派系有特别突出的地位，严厉镇压古老的撒拉逊贵族。西班牙人很高兴看到压迫自己的人地位降低。阿卜杜拉赫曼三世成了国家唯一的权威，公正、开明、宽容。历经这么多年的混乱，民众欣然接受了新的专制主义，再也没有强盗破坏庄稼和葡萄园。阿卜杜拉赫曼三世虽然拥有绝对权威，但没有滥用权力。终于，人们重新获得了和平富足，可以自由致富，过上幸福的日子了。

第七章

圣战

The Holy War

阿卜杜拉赫曼三世的执政原则是将权力完全掌握在自己手中，让自己一手提拔的官员管理科尔多瓦哈里发国。他小心翼翼地避免权力落入撒拉逊旧贵族手中，因为撒拉逊旧贵族对前几任统治者的态度实在太差了。一些富有的人或新贵成为高官。这些人出身卑微，对阿卜杜拉赫曼三世依附性很强。他们很清楚是阿卜杜拉赫曼三世让那些撒拉逊旧贵族不再骑到自己头上作威作福。阿卜杜拉赫曼三世有一支庞大的常备军用来保障中央权力。常备军的前身是精挑细选的斯拉夫人(Slavs)或外国雇佣兵。最初，常备军主要是斯拉夫人，后来逐渐吸纳了法兰克人、加利西亚人(Galicians)、伦巴第人(Lombards)等。希腊和威尼斯商人把这些人带到西班牙，在这些人小时候就把他们卖给西班牙统治者，并像穆斯林一样接受教育。他们中许多人有很高的修养，对主人忠心耿耿。在很多方面，他们很像被萨拉丁·阿尤布·本(Saladin Ayyub Ben)的继任者引入埃及当禁卫军的马穆鲁克人(Mamluks)。马穆鲁克人最后却成了显赫的埃及和叙利亚苏丹。斯拉夫禁卫军也有自己的奴隶。奴隶是阿卜杜拉赫曼三世赐给他们的。这些奴隶和土耳其人、切尔克斯人(Circassian)组成的奴隶军队很像。封建的家臣体系就此形成了。奴隶随时准备在主人的带领下为西班牙统治者效命。就像埃及的马穆鲁克人一样，斯拉夫禁卫军的影响力也在慢慢变大。阿卜杜拉赫曼三世驾崩后，中央权力逐渐被削弱。利用这一契机，斯拉夫禁卫军也建立起了自己的独立王朝，为最终推翻穆斯林在西班牙的统治做出了贡献。

在斯拉夫禁卫军的帮助下，阿卜杜拉赫曼三世不仅让西班牙的土匪和叛军销声匿迹，还发起了对北方基督教徒的战争，并取得了辉煌的战绩。现在，科尔多瓦哈里发国最大的危险来自外部，内部混乱带来的危险稍次。科尔多瓦哈里发国被夹在两个危险、好战的王国之间，哪个都需要小心提防。对科尔多瓦哈里发国来说，位于其南部、在北非新建立的法蒂玛王朝是个长期威胁。柏柏里海岸的统治者记得先辈曾把非洲作为通往西班牙的垫脚石。位于非洲的法蒂玛王朝的一贯政策是：如果有可能，就吞并美丽的安达卢西亚。阿卜杜拉赫曼三世只有巧妙地处理好派系纷争和随之而来的叛乱，分化非洲的柏柏尔人，才能成功与法蒂玛王朝保持安全距离。他取得了巨大成功，柏柏里海岸的大部分地区效忠于他。科尔多瓦哈里发国还控制了休达要塞，并拿出很大一部分税收打造了一支庞大的舰队。凭借这支舰队，阿卜杜拉赫曼三世将与法蒂玛王朝争夺地中海的控制权。

在北方，科尔多瓦哈里发国不得不对付另一个更危险的敌人。阿斯图里亚斯的基督教徒已经逐渐强大起来，渐成气候，对收复故土念念不忘。以前，在摩尔人首次入侵时，他们一败涂地，逃到了阿斯图里亚斯山区。寥寥无几的基督教徒躲到了易守难攻的山区，这才躲过了围剿。在民谣中，佩拉约领着三十个男人和十个女人躲在科瓦东加(Covadonga)的洞穴里。那里成了阿斯图里亚斯基督教徒避难的地方。穿过一条又长又窄的山口，再爬过一个九十级的梯子，才能进入洞穴。一夫当关，万夫莫开。因此，摩尔人认为，不值得追捕这一小部分基督教徒。

撒拉逊历史学家轻蔑地描述了阿斯图里亚斯王国这个基督教国家的起源：在安巴萨·伊本·卡勒比(Anbasa ibn al-Kalbi)统治安达卢西亚期间，一个卑鄙的蛮族成员，叫佩拉约，在加利西亚发迹。他谴责同胞可耻的依附和懦弱的斗争，煽动复仇，想要将外来者从故土上驱逐出去。从那一刻起，在尚未沦陷的几块土地上，安达卢西亚的基督教徒开始抵抗，保护自己的妻女。叛乱刚开始时，加利西亚的城市、村镇都处于后来者的控制中。但有一处例外，就是佩拉约残部避难的那个陡峭的山峰。在这里，佩拉约的追随者相继饿死。最后，只剩约三十名男子和十名女子。除了从石头缝里收集点蜂蜜，这群人没有任何食物。他们藏匿得很好，或许可以说他们就像藏匿在石头缝里的“蜜蜂”。佩拉约下令在各个山口修建防御工事。穆斯林知道了这一切，但置之不理，认为这几个人掀不起风浪，说：“三十个蛮族成员，被困在高高的山峰上，有什么出路？必死无疑！”这给了佩拉约壮大势力的机会。一位历史学家补充道：“穆斯林能立刻浇灭这终将吞没整个伊斯兰教领地的火花就好了！”

不时有人加入这群人。这群人的队伍越来越壮大，也越来越自信。他们从防御工事中走出来，开始骚扰戍边的摩尔人。

终于，摩尔人不得不出兵剿灭这些藏匿在洞穴里的、无畏的偷袭者。结果令人沮丧，摩尔人被打得溃散而逃，损失惨重。751年，来自坎塔布里亚(Cantabria)[①]的阿方索[②]娶了佩拉约的女儿埃尔梅辛达(Ermesinda)，从此基督教军队合兵一处。阿方索一世(Alfonso I)带领伊比利亚半岛北方各地反对摩尔人。他与伊比利亚半岛西边的加利西亚人一起，取得了一系列辉煌的胜利，摩尔人被一步一步地驱赶到伊比利亚半岛更南边。阿方索一世相继从摩尔人手中收回布拉加(Braga)、波尔图(Porto)、阿斯托加(Astorga)、莱昂、萨莫拉(Zamora)、莱德斯马(Ledesma)、萨拉曼卡(Salamanca)、萨尔达纳(Saldana)、塞哥维亚(Segovia)、阿维拉(Avila)、奥斯马(Osma)、米兰达(Miranda)等城市。现在，基督教徒的边境线越来越向伊比利亚半岛南部扩张。他们的势力范围推进到了科英布拉(Coimbra)—科里亚(Coria)—塔拉韦拉(Talavera)—托莱多—瓜达拉克萨拉(Guadalaxara)—图德拉(Tudela)一线，潘普洛纳(Pamplona)成了摩尔人的边境要塞。事实上，阿方索一世已经收复了原来的卡斯蒂尔、莱昂、阿斯图里亚斯和加利西亚等地。但基督教徒人数很少，既没有钱又没有人修筑防御工事，也无法在广袤的土地上耕种。于是，基督教徒离开了征服地，将其作为和摩尔人之间的争议区。他们隐退到比斯开湾(Bay of Biscay)附近，休养

---

① 摩尔人从未踏入过坎塔布里亚。——原注

② 阿方索后来继承了阿斯图里亚斯王位，称阿方索一世。——译者注

生息，壮大实力，为占领更多土地积蓄力量。

9世纪，基督教徒有实力向收复的部分领土挺进。莱昂各处都有基督教徒的身影。基督教徒在萨莫拉、圣埃斯特万德戈尔马斯(San Estevan de Gormaz)、奥斯马和锡曼卡斯(Simancas)修筑堡垒，威慑摩尔人。现在，摩尔人和基督教徒的争议区缩小了很多。双方在边境线上很多地方都有摩擦。10世纪初，戍边的摩尔人竭尽全力想夺回失去的领土。但在潘普洛纳国王桑乔一世(Sancho I of Pamplona)的帮助下，基督教徒将摩尔人打得落花流水。桑乔一世已成为基督教在北方的庇护者。基督教徒开始越过边境不断骚扰科尔多瓦哈里发国。对科尔多瓦哈里发国来说，基督教徒的突袭就像可怕的“诅咒”。这些粗鲁、野蛮的基督教徒的狂热和残忍不言而喻。他们很少宽恕手无寸铁的敌人，别想从他们身上找到撒拉逊人优秀的骑士精神和宽容之心。当初，撒拉逊人征服西班牙时，曾宽恕了很多被征服地方的人。现在，同样是在西班牙，从莱昂和卡斯蒂尔来的野蛮的基督教徒屠杀了驻军和满城百姓，没被杀掉的人则沦为奴隶。

阿卜杜拉赫曼三世刚继位两年，莱昂国王奥多尼奥二世(Ordoño II of León)就率军一路杀到梅里达(Merida)城下。梅里达和巴达霍斯(Badajoz)距离科尔多瓦不是很远。在惊慌中，巴达霍斯城居民想先用恫吓信稳住奥多尼奥二世。科尔多瓦军队和奥多尼奥二世的军队间只隔着莫雷纳山脉(Sierra Morena)，局势危险重重。年轻的阿卜杜拉赫曼三世如果是个懦夫，也许会为自己开脱说："梅里达还没有承认我的权威，梅里达遭到基督教徒骚扰，与我何干？"因此，他可能会坐视不理。然而，他不会这么做。他集结军队，率军北上，成功突袭基督教领土。917年，他再次下令进攻，结果被奥多尼奥二世的军队在圣埃斯特万德戈尔马斯城下打败。勇敢的穆斯林将军看到败局已定，只身冲入敌阵，战至生命最后一刻。奥多尼奥二世胆小得可怜，竟把这位将军的头钉在圣埃斯特万德戈尔马斯的城门上，旁边还并排钉着一个猪头。受此鼓舞，在接下来的一年里，莱昂和潘普洛纳联军肆虐图德拉(Tudela)附近领土，可惜没能全身而退，两次败于科尔多瓦军队。阿卜杜拉赫曼三世明白，要用一场更大的胜利威慑基督教徒。于是，他决定采取更有力的措施。920年，他御驾亲征，凭借快速行军的优势和高明的策略，突袭了奥斯马，将奥斯马夷为平地。摧毁被基督教徒遗弃的圣埃斯特万德戈尔马斯后，他率军转战潘普洛纳。他两次将桑乔一世赶出战场。此时，潘普洛纳军队得到莱昂军队增援，并且占据有利地势。阿卜杜拉赫曼三世执意与潘普洛纳和莱昂联军在苇谷(Vale of Reeds)展开决战，并且彻底击溃了潘普洛纳和莱昂联军。阿卜杜拉赫曼三世的军队被穆伊兹驻军顽固的防御激怒，屠杀了穆伊兹(Muez)的驻军。在某些战役中，特别是当军队中有很多非洲士兵时，摩尔人就会模仿对手——基督教徒的野蛮。

惨遭失败的基督教徒表现得英勇无比，坚贞不屈。他们虽然很野蛮，但是有屡败屡战的勇气。921年，即苇谷恶战后的第二年，基督教的灵魂人物——奥多尼奥二世率领军队再次发动突袭。923年，桑乔一世也不甘落后，夺回了几座城堡。阿卜杜拉赫曼三世重整旗鼓，誓师北伐。所有挡在他面前的东西，该洗劫的洗劫，该烧毁的烧毁。一时之间，人心惶惶。当兵临城下时，潘普洛纳城里早已空无一人。阿卜杜拉赫曼三世率军攻入潘普洛纳，大败桑乔一世的军队。大教堂和潘普洛纳的许多房屋被无情摧毁。潘普洛纳国也被阿卜杜拉赫曼三世占领。与此同时，奥多尼奥二世驾崩。他的儿子之间发生了争斗。这为阿卜杜拉赫曼三世提供了机会，让他有时间处理其他事。

得胜归来后，阿卜杜拉赫曼三世有了一个新头衔。此前，安达卢西亚的统治者一直满足于“埃米尔”“苏丹”“哈里发之子”这样的称呼。他们虽然是伍麦叶王朝哈里发的继承人，从未承认过推翻自己的阿拔斯家族，但一直没有提出要拥有哈里发这个头衔。他们认为，谁拥有伊斯兰教圣城麦加和麦地那，谁才有资格当哈里发。这样一来，阿拔斯家族就得到了哈里发的头衔。然而，随着各种势力的崛起，除了在巴格达，阿拔斯王朝的哈里发没有任何实权，行动受到限制，处境不比囚徒好多少。这在西班牙众所周知。929年，阿卜杜拉赫曼三世被冠上了“保卫伊斯兰教的哈里发(En-Nāsir li-dīni-llāh)”的头衔，意即“真主的捍卫者”。

头顶“哈里发”这个新头衔，阿卜杜拉赫曼三世继续统治科尔多瓦哈里发国三十多年。在这三十多年里，科尔多瓦哈里发国政治清明。阿卜杜拉赫曼三世励精图治，不断征讨基督教徒和质疑他哈里发身份的人，甚至年年发动征讨战争。征讨战争一度削弱了莱昂人的统治。当莱昂内部斗争结束，奥多尼奥二世的王位传给了一个值得尊敬的人。931年，拉米罗在王位争夺战中胜出，即位莱昂国王，后称拉米罗二世(Ramiro II)。他生性好战，坚决抵抗阿卜杜拉赫曼三世。不久，伊比利亚半岛北方的基督教徒和萨拉戈萨的撒拉逊总督结成强大联盟。阿卜杜拉赫曼三世急于摧毁这一联盟。937年，他收复了萨拉戈萨，向潘普洛纳进军。听到这一消息，其敌人闻风丧胆。摄政王后(Queen Regent)潘普洛纳的托达(Theuda of Pamplona)立刻表示臣服，承认科尔多瓦哈里发国是潘普洛纳的宗主国。拉米罗二世拒绝投降，召集部下，于939年在阿尔汉德加(Alhandega)大败阿卜杜拉赫曼三世的军队。阿卜杜拉赫曼三世的五万士兵倒在了战场上。他自己勉强捡了条命，带着不到五十个骑兵仓皇而逃。长期以来，在西班牙，这个灾难性的年份被称为“阿尔汉德加之年”。

如果基督教徒能够乘胜追击，西班牙历史可能会被改写。然而，信仰基督教的各个派系间的相互嫉妒帮助了阿卜杜拉赫曼三世。趁着敌人之间争执不断，他重整军队，恢复了军队的战斗力，为接下来的战争做好了准备。卡斯蒂尔人反抗莱昂人的内战帮了他。当时，卡斯蒂尔伯爵是著名的费尔南·冈萨雷斯(Fernán González)。很多吟游诗人曾赞美过他。他是西班牙的英雄，他的妻子乌拉卡·加尔塞斯(Urraca Garcés)是位女英雄。纳瓦拉人和莱昂人很嫉妒他，把他两次投进监狱。乌拉卡·加尔塞斯两次把他救出来。第二次营救时，她和丈夫互换了衣服，独自面对狱卒的愤怒。第一次营救是在他们结婚之前。当时，费尔南·冈萨雷斯前往潘普洛纳，拜访乌拉卡·加尔塞斯的父亲国王加西亚·桑切斯一世(García Sánchez I of Pamplona)，并向他的女儿求婚。背信弃义的加西亚·桑切斯一世想谋害费尔南·冈萨雷斯。一首民谣记述了他重获自由的故事。

他们把费尔南·冈萨雷斯带到遥远的潘普洛纳，

他们把他的手脚都捆住，捆得很结实……

费尔南·冈萨雷斯被困，潘普洛纳欢声一片，

加西亚·桑切斯一世将西班牙最英勇的伯爵锁在了自己的地牢里。

诗人接着讲述了一位诺曼骑士如何骑马穿过潘普洛纳。

为了基督，为了希望，他来对付摩尔人的弯刀。

诗人讲述了这位诺曼骑士如何告诉乌拉卡·加尔塞斯，费尔南·冈萨雷斯被囚禁的消息，言明囚禁他会给西班牙基督教事业带来多么严重的伤害。

摩尔人可能会很开心，但我们会更加悲痛，

西班牙失去了保护人，卡斯蒂尔失去了首领；
摩尔人很快就如大河奔流般，主宰这片土地。
该死的！基督教徒给费尔南·冈萨雷斯套上了枷锁！

诺曼骑士恳求乌拉卡·加尔塞斯救出费尔南·冈萨雷斯：

公主没有多说什么。夜幕降临，
侍女都睡着了，她偷偷跑了出来。
用她的珠宝和黄金贿赂了阿克莱德，
阿克莱德误把费尔南·冈萨雷斯卖给了她。

于是，乌拉卡·加尔塞斯把费尔南·冈萨雷斯从地牢里带了出来，一起骑马去了卡斯蒂尔。

费尔南·冈萨雷斯结婚多年，这个故事也成了老掉牙的故事。他决心要让卡斯蒂尔成为独立王国，不再隶属莱昂王国。为此，他被拉米罗二世俘虏、监禁。然而，卡斯蒂尔人只接受费尔南·冈萨雷斯做领主，甚至宁愿向其雕像效忠，也不愿承认拉米罗二世。拉米罗二世让费尔南·冈萨雷斯起誓效忠莱昂王国，还让其把女儿乌拉卡·费尔南德斯(Urraca Fernández)嫁给自己的儿子奥多尼奥，即后来的莱昂国王奥多尼奥三世(Ordoño III of León)，这才放了费尔南·冈萨雷斯。受此羞辱后，费尔南·冈萨雷斯跟着莱昂人一起对抗阿卜杜拉赫曼三世的热情锐减。他也想让莱昂人尝尝耻辱的滋味。但拉米罗二世让他的愿望落空。950年，拉米罗二世在塔拉韦拉(Talavera)附近率军战胜了阿卜杜拉赫曼三世的军队。951年，在无上的荣耀中，拉米罗二世驾崩。

拉米罗二世刚刚驾崩，费尔南·冈萨雷斯就开始着手干预莱昂王国的王位继承问题。他拥护桑乔，让桑乔反对自己的哥哥奥多尼奥三世。956年，桑乔接替奥多尼奥三世，成为莱昂国王，称桑乔一世。费尔南·冈萨雷斯又将桑乔一世从莱昂驱逐出去，拥立了一个可怜的跛子——邪恶的奥多尼奥四世(Ordoño IV)。桑乔一世躲到外祖母潘普洛纳的托达那里避难。他和外祖母马上向阿卜杜拉赫曼三世求救，希望阿卜杜拉赫曼三世能助他们渡过难关。他十分肥胖，如果没人搀扶，连路都走不了。为此，他决定向科尔多瓦哈里发国赫赫有名的医生寻求帮助。科尔多瓦哈里发国医生的医术十分有名。因此，潘普洛纳的托达派使者拜见阿卜杜拉赫曼三世。随后，阿卜杜拉赫曼三世派遣著名的犹太医生哈斯代(Hasdai)为肥胖的桑乔一世治疗。但阿卜杜拉赫曼三世提了些条件，其中包括割让一些城堡，还要求他们祖孙两人亲自来科尔多瓦哈里发国。潘普洛纳的托达认为去科尔多瓦哈里发国需要长途跋涉，路途艰辛，阿卜杜拉赫曼三世提出这样的要求只是为了表明自己的权威。她十分犹豫，不想前往，但还是带着儿子加西亚·桑切斯一世和流亡的外孙桑乔一世一起去了。阿卜杜拉赫曼三世用自己才能享有的崇高仪式和本土礼仪迎接贵宾。在哈斯代的精心照顾下，桑乔一世迅速瘦了下来。在阿卜杜拉赫曼三世军队的支持下，他返回莱昂王国，于960年重登王位。

961年，阿卜杜拉赫曼三世驾崩。驾崩时，他已经七十岁了，在位近五十年。在他统治时期，西班牙发生了超乎常人想象的、天翻地覆的变化。即位时，他才二十一岁，他手里的财富成了土匪头目或当地冒险家眼中的一块肥肉。那时，西班牙各地纷纷独立，科尔多瓦酋长国国内派别林立，各派都藐视他的权威。混乱和掠夺几乎要摧毁西班牙。在科尔多瓦酋长国的南边，有非洲的法蒂玛王朝虎视眈眈，想要吞并西班牙；北边，基督教国王时刻准备收复故土，将摩尔人逐出这片土地。科尔多瓦酋长国混乱不堪，毁灭的危险就在眼前。在他统治的前二十五年里，他统治下的领地恢复了秩序和繁荣，各派系纷争被消灭了，所有臣民只效忠于拥有绝对权威的阿卜杜拉赫曼三世。剩下的二十五年里，他抵御外敌，维护了科尔多瓦酋长国的尊严，展示了雄厚的国力。他与非洲法蒂玛王朝保持距离，在休达设立驻军，以抵御非洲军队。他在海上与非洲法蒂玛王朝公平竞争。在科尔多瓦哈里发国的北边，他遏制住了日益强大的莱昂王国、卡斯蒂尔王国、潘普洛纳王国三个国家的基督教徒势力，利用自己的优势征服了它们。这三个国家的基督教徒甚至来找他帮助他们解决分歧和重获个人权利。他让安达卢西亚免于自我毁灭和遭受外敌征服。在他的统治下，安达卢西亚不但没有毁灭，反而变得更加和平美好。科尔多瓦哈里发国呈现出前所未有的富足和繁荣。大自然丰厚的恩赐加上人类的技能和勤奋，使安达卢西亚更适合耕种。科尔多瓦哈里发国第一次全面地从无序的状态中恢复过来，法律得到前所未有的尊重，惠及民生。拜占庭帝国皇帝、法兰西国王、德意志国王、意大利国王都遣使谒见他。在欧洲和非洲，他的权力、智慧和富裕家喻户晓。他的名声甚至传到穆斯林帝国在亚洲的最远边疆。在逆境中，他把安达卢西亚从凄苦的深渊中救出，带它走上权力和繁华之巅！伟大的哈里发——阿卜杜拉赫曼三世凭借个人的智慧和意志，力挽狂澜。

摩尔历史学家对这位果敢人物的描述似乎与他强硬、专横的政策矛盾。摩尔历史学家称他为“有史以来最温和、最开明的统治者。他的温和、慷慨和对正义的热爱众所周知。他在战场上的勇猛和对宗教的热情超越任何一位先祖。他热爱科学，喜欢资助有学识的人，乐于和有知识的人沟通”。关于他恪守公平正义的故事广为流传。

有位撒拉逊历史学家告诉我们，在阿卜杜拉赫曼三世驾崩后，人们发现了一张有他手迹的纸。他将漫长统治中没有任何悲伤的日子记录下来，只有可怜的十四天。“啊，善解人意的人啊，要知道，即使是最幸运的人，这世界能给他的纯粹幸福也屈指可数！”

第八章

哈里发之城

The City of the Khalif

一个古代撒拉逊作家说："科尔多瓦是安达卢西亚的新娘，集一切令人赏心悦目的珍品于一身。历代统治者在科尔多瓦建都，让科尔多瓦尊享都城荣耀。诗人从辞海中采撷来的珍珠串成科尔多瓦的项链；学者精心编织的学术之旗是科尔多瓦的群袍；艺术巨匠和工艺大师甘为科尔多瓦的衣服镶边。"东方历史学家也为喜爱的科尔多瓦披上浮想联翩的东方景象的外衣。在阿卜杜拉赫曼三世的统治下，科尔多瓦变成了一座让人骄傲的都城。它的建筑美轮美奂，经济发达，居民彬彬有礼。也许除了拜占庭，欧洲没有一个城市能与科尔多瓦媲美。接下来，我们即将从撒拉逊作家的作品中了解关于科尔多瓦的辉煌。10世纪，撒克逊人还住在小木屋里，他们的脚下踩着肮脏的稻草。我们的语言尚未成型，只有少数修士能读能写。通过对比，我们会认识到摩尔人文明的发达程度。当时，整个欧洲都陷入了野蛮和无知。只有罗马帝国残存的遗产尚能保留一点古代文明的痕迹；只有君士坦丁堡和意大利的某些地方才有宏伟建筑的遗迹。这种奇妙的对比让人们更加懂得欣赏科尔多瓦之美。

有位古代撒拉逊作家说科尔多瓦是个戒备森严的城市，四周环绕着高大的石墙，街道两旁的建筑看起来美轮美奂。在科尔多瓦城中，至19世纪下半叶仍保留着一些古代异教徒统治者的宅邸。众所周知，科尔多瓦居民彬彬有礼、智慧出众、品味高雅，在用餐、着装等方面十分讲究。在科尔多瓦，你会碰到知识渊博的医生、以美德和慷慨著称的领主、以探险异教徒国家而闻名的骑士，以及作战经验丰富的军官。世界各地的学生在科尔多瓦聚集。他们渴望学习诗歌、科学，或在神学、法律方面得到启迪。科尔多瓦成了各界名流聚集之地、学者之家、勤奋者的归处。科尔多瓦城内总是挤满各国达官显贵。文人墨客和普通士卒不断竞争以获取名望。科尔多瓦城内一直是显赫人物的竞技场、读书人的赛马场、贵族的休憩地，是真善美的宝库。科尔多瓦之于安达卢西亚就像头颅之于身体，或者狮子之于百兽。

东方人的赞美往往言过其实，但科尔多瓦却对这样的赞美当之无愧。看看19世纪下半叶的科尔多瓦，很难想象伟大哈里发时代它的宏伟壮丽。19世纪下半叶的科尔多瓦，狭窄的街道两旁是一幢幢刷成白色的房子，依稀可以看出这座城市昔日的宏伟壮丽。阿尔卡扎宫(Alcazar)已经破败，改成了监狱，让人难以接受。科尔多瓦大桥[①]仍然屹立在瓜达尔基维尔河上。后伍麦叶王朝第一任统治者阿卜杜拉赫曼一世留下的雄伟的清真寺仍然让游客欣喜不已。阿卜杜拉赫曼三世在位时，或者可能更晚一些，有位很有才能的大臣扩建了一个新郊区，使科尔多瓦

① 即科尔多瓦的罗马桥，公元前1世纪由罗马人建造，后由摩尔人重建。它横跨瓜达尔基维尔河，桥长二百四十七米，宽约九米，原有十七个桥洞，现为十六个。它和科尔多瓦大清真寺均被列入《世界遗产名录》。——译者注

的面积达到历史之最。历史学家对科尔多瓦究竟有多大存在分歧，普遍认为它的长度应该有十英里。瓜达尔基维尔河岸边有大理石房屋、清真寺和花园。花园里精心培育着从其他国家引进的稀有花木。西班牙引入了撒拉逊人的灌溉技术。无论是过去还是19世纪下半叶，对这种灌溉技术，西班牙人都难以望其项背。后伍麦叶王朝的第一位统治者阿卜杜拉赫曼一世从叙利亚弄来一棵枣树，用来缅怀故乡。他还为这棵枣树作了一首悲伤的小诗，缅怀自己的流亡往事。其祖父希沙姆·伊本·马利克(Hisham ibn al-Malik)在大马士革有个花园，阿卜杜拉赫曼一世小时候常在花园里嬉戏。后来，他模仿祖父花园的样子建造了一个新花园，将枣树种在新花园里。他派人到世界各地搜罗稀有的异邦植物和种子。他花园里的园丁技术娴熟，很快将异邦的植物养活，将种子种植出来，比如，石榴是用从大马士革带来的样本引种成功的。这些外来物种很快普及，从科尔多瓦的王宫中传播到了科尔多瓦各地。浇灌花园的水用铅管(leaden pipes)从山上引来。通过这些铅管，水流入用金、银或者铜装饰的盆里，以及湖泊、水库、水箱和希腊大理石做成的喷泉里。这些水利工程的遗迹今天仍然可见。

历史学家向我们讲述了阿卜杜拉赫曼一世宫殿的奇妙之处。穿过一扇扇华丽的大门可到达花园、河流或大清真寺。每周五，阿卜杜拉赫曼一世都会穿过一条由各色地毯铺就的小路去大清真寺。他的宫殿名字都不同，如花宫(Palace of Flowers)、

科尔多瓦大清真寺

情人宫(Palace of Lovers)、知足宫(Palace of Contentment)、王冠宫(Palace of Diadem)。还有一座宫殿使用了后伍麦叶家族故土的名字，叫“大马士革宫”。所有宫殿的殿顶由大理石柱子撑起，地板上绘有马赛克图案。大马士革宫美丽非凡，一位诗人甚至唱道：“在大马士革宫面前，世上所有的宫殿都得靠边站。大马士革宫的花园里有最美味的水果和香气最浓郁的花朵。在花园里可以看到很多美丽的场景：潺潺流水清澈无比，孕育芳香露水的云彩在天上飘着，高大的建筑耸立在一旁。夜晚，大马士革宫的花园也总是芳香四溢。晨光给大马士革宫披上了一层灰琥珀色的外衣，夜晚大马士革宫弥漫着黑麝香的香气。”科尔多瓦一些花园的名字很吸引人，似乎是邀请人们在涓涓细流旁休息，好好享受花香和美味的水果。水车花园(Garden of Water-wheel)的名字给人一种懒洋洋的感觉。伴随着单调的吱吱声，水车就把水抽到地面的花床里。在炎热的天气里，“流水低吟(Meadow of Murmuring Waters)”令人神往。瓜达尔基维尔河静静地流过，给当地的居民带来欢乐，因为东方人[①]最喜欢看到潺潺流水。一座有十七个拱洞的大桥横跨瓜达尔基维尔河，体现了撒拉逊人高超的工程造诣。在科尔多瓦城中，有很多宏伟的建筑——贵族和官僚的住宅有五万多座，平民住宅有十多万座，清真寺有七百座，公共浴池九百处。公共浴池是所有伊斯兰教王国的一大特

① 是指西班牙的摩尔人。——译者注

色。因为在穆斯林心中，清洁是任何虔诚的祈祷之前必须要做的。与此相反，中世纪的基督教徒认为洗澡是异教的习俗，严令禁止洗澡，修士和修女以此为荣。一位女圣徒自豪地记录下这样一件事：直到六十岁，除了参加弥撒时洗过手指尖，她从未清洗过自己身体的任何部位。污垢体现基督教徒的圣洁，但穆斯林十分看重清洁，不放过任何细节，在身体洗净前绝不靠近真主。当西班牙回到基督教徒的怀抱时，英格兰女王玛丽一世(Mary I of England)的丈夫——西班牙国王腓力二世，下令摧毁所有的公共浴池，因为公共浴池是异教徒的遗物。

在科尔多瓦众多的宏伟建筑中，大清真寺最引人注目。784年，阿卜杜拉赫曼一世开始修建大清真寺，投入从哥特人那里缴获的八万块黄金。793年，他虔诚的儿子希沙姆一世用从纳博讷掠夺来的财富完成了大清真寺的修建。每位继任的统治者都在不断完善大清真寺，使大清真寺更加美丽，使之成为世界上早期撒拉逊艺术的最佳范例。有的统治者把金子贴在柱子和墙壁上；有的增加了一个新的宣礼塔；有的建造了一个新的拱廊来容纳不断增多的信众。大清真寺从东到西排列着十九个拱廊，从北到南排列着三十一个拱廊。二十一扇门镶着闪闪发光的黄铜，迎接朝拜者的进入。一千两百九十三根柱子支撑着屋顶，柱子上雕刻着精美图案，黄金和青金石镶嵌其上。大清真寺的地面用银子铺成，刻着很多图案。讲坛用象牙和上等木材建造，分成三万六千块独立的嵌板。其中许多嵌板上镶嵌着宝石，嵌板用金钉固定。做礼拜前用来净身的四个喷泉昼夜不停地流着，喷泉水由山上引来。大清真寺西侧修建了很多房屋，用来招待贫穷的旅者和无家可归的人。由数百个基督教大钟熔化锻造成的黄铜灯在夜间照亮了整个大清真寺。在斋戒的一个月里，达伊[①]身边的一个重达五十磅的锥形蜡烛日夜不停地燃烧。三百个侍从在香炉里烧龙涎香和沉香木，准备供点亮万盏灯芯用的香油。大清真寺的大部分建筑留存至19世纪下半叶。站在林立的柱子中，游客惊叹不已。他们可以看到美不胜收的景致：斑岩、碧玉和大理石没有改变；出自拜占庭艺术家之手的彩色玻璃花窗像墙上的珠宝一样闪闪发光；圣殿的建筑设计大胆，加上奇妙的交叉拱门，一如既往的雄伟壮观；庭院中橘树成荫，让视野中的柱林看起来更加幽深、绵长。站在宏伟的大清真寺前，人们情不自禁地追忆起科尔多瓦的光辉岁月——伟大哈里发的黄金时代。然而，这一切一去不复返了。

阿尔扎哈拉城(Ez-Zahrā)和阿尔扎哈拉皇宫算不上最美，但妙趣横生。阿卜杜拉赫曼三世建造了阿尔扎哈拉城，使其成为当时科尔多瓦的郊区。一个叫阿尔·扎哈拉的女人备受阿卜杜拉赫曼三世宠爱，被称为“最美的人”。她曾经请求阿卜杜拉赫曼三世为自己建造一个城市，并以她的名字来命名。像大多数前任统治者一样，阿卜杜拉赫曼三世很喜欢建设，便同意了

① 伊斯兰教中重要的宗教领袖，负责传播伊斯兰教。——译者注

科尔多瓦大清真寺的大门

这个请求。很快，他在科尔多瓦对面几英里的地方——“新娘山(Hill of Bride)”的山脚下建造了一座城。他在位的后二十五年和哈卡姆二世(Al-Hakam II)在位的前十五年，科尔多瓦把每年收入的三分之一用于建造这座城。后来，哈卡姆二世多次扩建该城。每天，有一千名工人在此劳作，切割、打磨出六千块石块，用于建造新城的房屋。每天，大约三千头牲口驮着建筑材料到工地。四千根柱子被立了起来。一些柱子是拜占庭帝国皇帝送的礼物，其他的柱子来自罗马、迦太基(Carthage)、斯法克斯(Sfax)等。另外，还有从塔拉戈纳(Tarragona)和阿尔梅里亚开采的大理石。阿尔扎哈拉城有一万五千扇门。这些门用铁皮或抛光的黄铜裹着。阿尔扎哈拉城里的哈里发大殿(Hall of Khalifs)用大理石、黄金做屋顶和墙壁。哈里发大殿有个造型精美的喷泉。这是拜占庭帝国皇帝送的礼物。拜占庭帝国皇帝还送来了一颗罕见的珍珠。哈里发大殿中间有一水池，水面波光粼粼，殿两边各有八扇门，门用象牙和乌木做成，上面点缀着宝石。当太阳光透过这些门照射进来时，池水的表面似乎在颤动，跃动的光芒充满整个房间。人们会感到眼花缭乱，赶忙遮住双眼。

阿尔扎哈拉城的妙趣横生被撒拉逊作家津津乐道。这是一座以阿卜杜拉赫曼三世的女人名字命名的“最美之城”。有人写道：“阿尔扎哈拉城内的美景，无论是天然的还是人造的，都够我们说上几天几夜。潺潺的流水、清澈的湖面、花草繁茂的花园，还有宏伟的高官府邸。来自不同民族和宗教的成群结队的士兵、侍从和奴隶，穿着华丽的丝绸和锦缎长袍在宽阔的街道上来来往往。神态严肃的法官、神学家和诗人在宏伟的殿堂踱步。宫中的男仆估计有一万三千七百五十名。他们每日要吃掉一万三千镑肉食，这还不包括家禽和鱼。据说，哈里发的女人，加上女仆，有六千三百一十四人。斯拉夫禁卫军和内侍共计三千三百五十人。这些人每日要吃掉肉食一万三千磅，不包括家禽、鹧鸪和鱼。根据职级和职责的不同，肉食的种类稍有差异。阿尔扎哈拉宫池塘里的鱼，除了吃掉每天六次投喂的黑豆类食物，还要吃掉一万两千个面包。关于阿尔扎哈拉宫的很多细节都能在历史记载中找到，因为演说家和诗人穷尽所学将其记录了下来。所有看到阿尔扎哈拉宫的人都承认，在信奉伊斯兰教的地方，阿尔扎哈拉宫举世无双。远道而来的旅者、各个阶层的人、各种信仰的人——王子、大使、商人、朝圣者、神学家和诗人——都认为阿尔扎哈拉宫是生平见到的最无与伦比的存在。阿尔扎哈拉宫的露台用抛光的大理石铺成。露台悬伸出来，下面是美轮美奂的花园。露台上面有金色的大厅和圆形的亭子，还有各式各样的艺术品。露台建筑技术精湛，设计大胆，比例完美，布置优雅，就连装饰品都很精美。光滑的柱子泛着大理石和金子的光泽。柱体匀称得像用车床加工过一样。墙上挂的一幅幅画形成了一道别致的风景线。修筑的人工湖牢不可破，蓄水池永远装满清澈的水。还有雕着各式图案的喷泉，让人惊叹不已。这一切不值得夸耀吗？要多丰富的想象力才能设计出这一切。

在阿尔扎哈拉宫里，阿卜杜拉赫曼三世接见了潘普洛纳的托达和桑乔一世，还有其他名人政要。他坐在王座上欢迎君士坦丁七世(Constantine VII)派到科尔多瓦宫廷的使者：

已商定在338年[①]星期六，赖比儿·敖外鲁月(Rabi' al-awwal)[②]的第十一天，在阿尔扎哈拉宫的拱形大厅里接受拜占庭帝国的国书。科尔多瓦所有军政要员都须参加迎接仪式。拱形大厅内装饰精美，中间高处摆着一座金光闪闪、缀满宝石的宝座。阿卜杜拉赫曼三世的儿子们分列宝座的两边。王子旁边站着大臣。大臣各就各位，各司其职。紧挨着大臣的是内侍、大臣的儿子们、哈里发的自由人和管家。宫殿的院子里铺满了最华丽的长毯和最昂贵的地毯。大门和拱门上搭着最华丽的丝绸遮阳篷。不久，使者走进大厅。看到眼前的壮丽场面和对面威严的哈里发，使者的敬畏之情油然而生。然后，他们向前几步，呈上了主人利奥六世(Leo VI)的儿子君士坦丁七世的一封信。这封信用希腊文书写，蓝纸上是金色的字。

阿卜杜拉赫曼三世让宫中能言善辩的演说家讲些场面话。

① 即公元纪年949年，在伊斯兰国家，通用的是伊斯兰历，又称希吉来历。——译者注

② 此为伊斯兰历中第三个月，共30天，为大月。——译者注

但这位演说家刚一开口，便因现场气氛庄严，在场的人肃穆沉静，望而生畏，舌头打结，晕过去了。另外一位演说家试图补上，没说多久也突然崩溃了。

阿卜杜拉赫曼三世十分痴迷于建造新宫殿，连续三个星期的星期五都没去清真寺。当他终于露面时，达伊警告他别因他的疏忽而遭受痛苦。

科尔多瓦城中有美丽非凡的宫殿和花园。和这些建筑成就相比，科尔多瓦在科学和思想上取得的成就也毫不逊色，让人赞不绝口。头脑和身体[①]一样可爱。成群的教授和老师使科尔多瓦成为欧洲的文化中心。从欧洲各地来的学生到科尔多瓦拜师求学。修女赫罗斯葳塔(Hroswitha)住在遥远的甘德斯海姆(Gaudershein)修道院。当谈到科尔多瓦的攸罗吉阿斯(Eulogius of Córdova)的殉难时，她也会忍不住称颂科尔多瓦是“世界上文化最灿烂的城市”。在科尔多瓦，每门学科都得到了充分发展。安达卢西亚的内科和外科医生的研究使人类医学取得了长足进步。医学的发展超过了自古罗马医学家劳迪亚斯·盖伦(Claudius Galenus)以来几百年间的积累。宰赫拉威(Al-Zahrawi)是11世纪一位著名的外科医生。他的一些手术做法与现在的做法不谋而合。伊本·苏尔(Ibn Zuhr)取得了许多重要的成就。伊本·阿尔贝塔

① 头脑是指科尔多瓦的精神和思想，身体是指科尔多瓦的建筑，意即科尔多瓦的精神和思想成就与建筑成就不相上下。——译者注

(Ibn al-Baitar)是一位植物学家，走遍东方寻找草药，并写出了内容翔实的论著。哲学家伊本·鲁世德是连接古希腊哲学与欧洲中世纪哲学的桥梁。天文、地理、化学、自然史，在科尔多瓦都被积极地钻研。我们再谈谈优雅的文学。诗歌已经融入科尔多瓦人的日常生活。这在欧洲前所未有。当时，所有阶层的人们都会写点撒拉逊诗句。这些诗句可以为西班牙的吟游诗人提供参照，对普罗旺斯和意大利的吟游诗人也产生了很多影响。只要有人张口演讲，一定要吟诵几句诗。诗可以是演讲者即兴创作的，也可以是引用某位著名诗人的。整个伊斯兰教世界似乎都被缪斯(Muses)女神征服了。哈里发和船工翻开诗篇，歌唱着安达卢西亚的可爱，歌唱着流水的潺潺，歌唱着星辰下的美丽夜晚，歌唱着爱情和美酒，甚至有时会歌唱与某位女士的幽会。女士弯弯的眉毛似乎迷住了歌唱家。

在技艺方面，安达卢西亚成就卓越。因为“最美之城”阿尔扎哈拉城和科尔多瓦大清真寺这样的建筑，只有手艺高超的匠人才能建出来。丝织手艺是安达卢西亚最受重视的技艺之一。据说，仅在科尔多瓦，就有十三万多名编织工人。阿尔梅里亚的丝绸和地毯最出名。安达卢西亚的陶器制作已经达到完美的境界。从马略卡岛(Mallorca)，陶工学来了制作闪耀着黄金或黄铜光泽的器皿的技艺。意大利的陶器因马略卡岛得名为马约利卡(Majolica)。玻璃器皿、黄铜和铁质器皿都在阿尔梅里亚制造。还有一些精致的象牙雕刻品保存至今。象牙雕刻品上刻有科尔多瓦宫廷大臣的名字。这些艺术风格是从东方被引入的。摩尔人的工匠师从拜占庭人、波斯人和埃及人，青出于蓝而胜于蓝。在珠宝方面，阿卜杜拉赫曼三世之子哈卡姆二世留有一件有趣遗物，19世纪下半叶保存在赫罗纳(Gerona)大教堂的高坛上。他的遗物是个棺材。棺材镀银，装饰着珍珠，上面有撒拉逊语铭文。撒拉逊语铭文的内容是对哈卡姆二世的祝福。在基督教祭坛上读到这些，显得十分怪异。摩尔人的剑柄和珠宝非常精致，看看格拉纳达最后一位埃米尔穆罕默德十二世(Muhammad XII)的剑就清楚了。一直以来，撒拉逊人的金属制品声名在外，即使像钥匙这样的小东西都很漂亮。本书后文将会提到一盏精美的清真寺灯。这是为格拉纳达埃米尔穆罕默德三世(Mohammed III)制作的。这盏灯在19世纪下半叶的马德里还能看到。这盏清真寺灯将会让你见识到摩尔人的精湛技艺。这种精致的镂空花丝作品，只有大马士革和开罗制造的类似作品才能超越。我们一遍又一遍地读着同样的撒拉逊语铭文。格拉纳达埃米尔的座右铭是“除了真主，没有征服者”。我们谈到了科尔多瓦宫殿的铜门，在19世纪下半叶的西班牙大教堂中还能找到铜门的一些遗迹。世人皆知托莱多是“兵刃之都”。虽然在撒拉逊人入侵前，西班牙人就会炼铁，但托莱多甲胄师的技能是由科尔多瓦的哈里发和埃米尔培养出来的。阿尔梅里亚、塞维利亚、穆里卡和格拉纳达是著名的兵器甲胄产区。14世纪，佩德罗(Don Pedro)在遗嘱里写道：“我还要把我的卡斯蒂尔剑赐

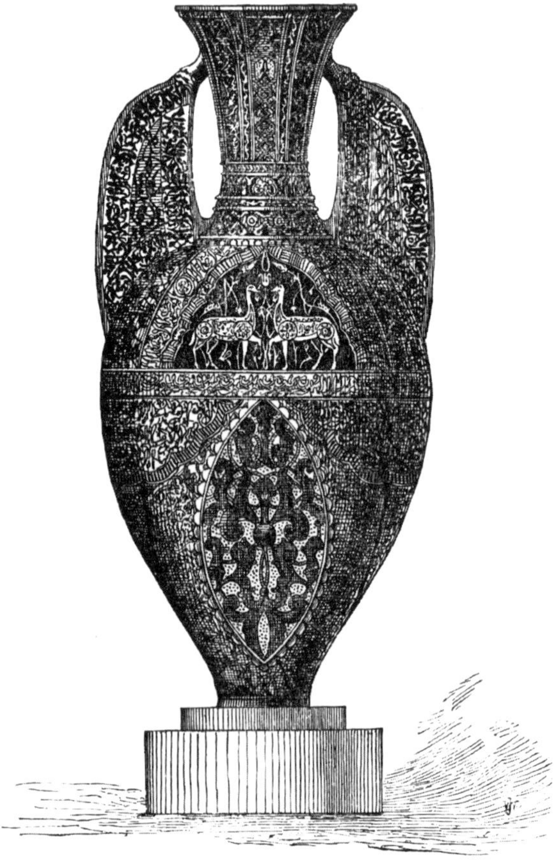

西班牙摩里斯科风格的花瓶

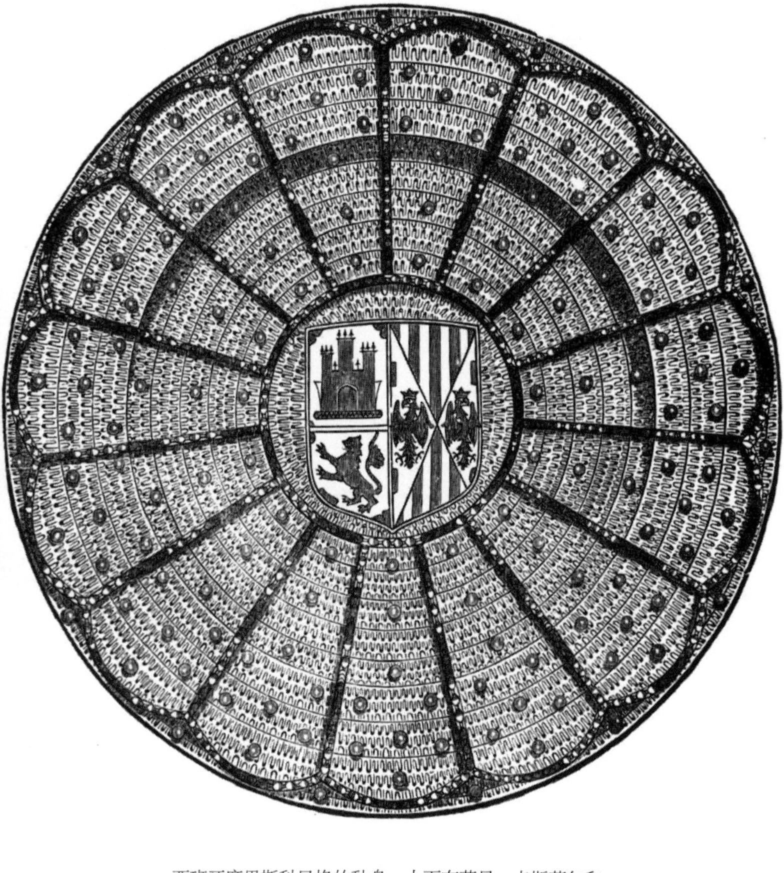

西班牙摩里斯科风格的釉盘，上面有莱昂、卡斯蒂尔和
阿拉贡王国的武器样式，藏于南肯辛顿博物馆

给儿子。这把剑在塞维利亚锻造，用石头和黄金装饰。”总体来说，在艺术、科学和文明方面，摩尔人生活的城市——科尔多瓦确实是“世上最辉煌壮观之地”。

第九章

曼苏尔掌权

The Prime Minister

阿卜杜拉赫曼三世是后伍麦叶家族在科尔多瓦的最后一位杰出的哈里发。他的儿子哈卡姆二世是个书呆子。哈卡姆二世虽然在某些方面也发挥了巨大作用，但不是一个杰出的统治者。他受的教育再好也不为过，可以像另外几位统治者那样通晓天下事，也可以利用闲暇时间去听音乐和品诗歌，但不能只埋首书房，关心手稿多于战役，不能只喜欢精心地装订书籍，而不关心科尔多瓦人的疾苦。然而，这就是哈卡姆二世——只埋首书籍。他不是一个软弱的人，清楚自己肩上的重任。但他太专注于学习，没空争取战争带来的荣耀。他还有一个爱好——喜欢建造。他对建筑的执着与他对艺术的执着一样，而艺术往往与文学相连。他温和、好学的天性并未给国家带来太大伤害。他绝对是杰出的哈里发阿卜杜拉赫曼三世的儿子——有一句老话说：虎父无犬子。当莱昂的基督教徒没有履行约定时，他亲率大军征讨。以前，他的父亲阿卜杜拉赫曼三世在这些地方让人闻风丧胆，现在他也展示出横扫一切的气势。这样一来，科尔多瓦北部的基督教统治者只好允许他干预自己国家的内务。其中一位统治者甚至来到科尔多瓦，多次卑躬屈膝地恳求哈卡姆二世助其重登王位。各方很快签署了和平协议。哈卡姆二世终于有时间给著名的图书馆收集书籍了。他派人到东方各地收购稀有手稿，再运回科尔多瓦。他的手下经常出现在开罗、大马士革和巴格达的书店里，为主人哈卡姆二世的图书馆搜寻稀有书籍。当有本书无论出价多高都买不到时，哈卡姆

《古兰经》盒，藏于埃斯库里亚尔图书馆

二世就会命人抄录。当偶然听到某人构思好了一本书，还没动手写，他就会给这个人送份厚礼，恳求对方把写好的手稿第一时间送往科尔多瓦。他用这种方法收集到四十多万册书。在印刷术还未被发明时，每一本书都必须要专业的抄写员一笔一画仔细、清晰地抄下来，艰辛程度可想而知。但哈卡姆二世还是将这些书收集了起来。与许多书籍收藏家不同，据说，他还将收集的书籍全部通读了一遍，甚至边读边加批注。他学识渊博，后世的学者十分珍视他加的批注。后来，这座著名的图书馆中的大部分书籍被柏柏尔人销毁了。这给撒拉逊文学造成了无可挽回的损失。

即使敌人时刻伺机反攻，哈卡姆二世仍能在父亲阿卜杜拉赫曼三世不世功勋的荫庇下享受宁静的生活。然而，如果科尔多瓦哈里发国连续出现两个像哈卡姆二世这样的统治者，阿卜杜拉赫曼三世苦心经营的盛世就会毁于一旦，国家也将再次衰败。哈卡姆二世统治十四年后，他十二岁的儿子希沙姆即位，称希沙姆二世(Hishām II)。如果能够公平竞争，谁也说不准年轻的希沙姆二世能否成功即位。据说，希沙姆二世幼时聪明过人，有很好的判断力，有希望延续祖父阿卜杜拉赫曼三世开创的盛世。然而，因哈卡姆二世软弱，大权旁落，这让他的儿子和后来的继任者永远失去了手握实权的机会。当哈卡姆二世急着校对手稿，给抄写员或装订师指点工作时，贵族官员的势力日渐壮大，后宫女人也开始干政。阿卜杜拉赫曼三世如果还活着，绝对会立即掐灭这些苗头。虽然他建了一座城来取悦阿尔·扎哈拉，但如果阿尔·扎哈拉胆敢开口向他举荐谁担任警卫官，他一定会非常震惊。然而，哈卡姆二世驾崩时，后宫女人的影响力已经很大了。希沙姆二世的母亲科尔多瓦的苏布(Subh of Córdova)可能是国内最有权势的人。她喜欢谁，谁很快就能拥有至高的权力。比如，一个叫伊本–阿布–阿米尔(Ibn-Aby-Amir)的年轻人。他的绰号叫“曼苏尔(Almanzor)”，这是后来他多次打赢基督教徒之后开始使用的名字，意思是“上帝恩典的胜利者”。最初，在科尔多瓦大学读书时，曼苏尔只是个不起眼的学生，他的父亲是当地一位学识渊博的律师。虽然他的家境很好，但家族没太大影响力。然而，这个年轻人有雄心壮志，并不满足于父亲的地位。还是学生时，他就对权力充满向往，自信满满地说有一天自己会成为安达卢西亚的主人。他甚至还问自己的同学——一群孩子，当他成为安达卢西亚的主人时，他们想当什么官。值得注意的是，当这一天真的到来时，他没有忘记自己的承诺。在一个伊斯兰教国家，勇气、才华和自私可以带来什么？曼苏尔的职业生涯就是一个有趣的研究范例。在科尔多瓦，通往权力的道路对曼苏尔敞开了大门，尽管刚开始有点难。起初，曼苏尔只是一个专为宫廷仆人写信的人。他讨好了宫中的大管家(Grand Chamberlain)——在宫里掌握的权力类似于首相掌握的世俗权力。时机成熟后，他先后被调往管理宫廷事物的各个小的办事处。在科尔多瓦宫殿，他是风度翩翩的少年。他善于奉承，很快赢得了王室女士的青睐。科尔多瓦的苏布爱上了这个才华横溢的年轻人。曼苏尔不停地讨好公主，给她们送上贵重的礼物，有时甚至动用公款。当然，他也因此步步高升。到了三十一岁，他已身兼数份美差，包括法定继承人的财产主管、一两个法官职位、城中一支禁军的长官。他温文尔雅，出手大方，乐善好施，好评如潮，身边聚集了很多能人，其中不乏权贵。哈卡姆二世的驾崩使科尔多瓦的苏布有了一个更重要的身份——新继承者的母亲，这给了曼苏尔扩大影响力的契机。这两人联手将希沙姆二世推上王位。有个竞争对手为了争夺王位策划了一次谋杀，却被挫败了。曼苏尔果断镇压了斯拉夫禁卫军的密谋行动，禁止他们对希沙姆二世的即位指手画脚。科尔多瓦的政府首脑是贾法尔·阿尔·穆萨菲(Jafar al Mus-hafy)，也就是曾帮助曼苏尔踏上仕途第一步的宫中大管家。穆萨菲的下级官员也欣然追随曼苏尔。两人联手镇压了斯拉夫禁卫军的密谋行动，流放了大部分参与者。此举让两人在科尔多瓦广受欢迎，因为科尔多瓦人对外国雇佣兵怀恨在心。但两人的联盟很脆弱，一旦曼苏尔逮到除掉穆萨菲的机会，绝不会心慈手软。然而，曼苏尔现在要做的首要之事就是提高自己的知名度。机会说来就来，北方的基督教徒又开始不安分了，年轻、大胆的曼苏尔抓住了机会。穆萨菲手上无兵，对基督教徒的入侵束手无策。曼苏尔曾担任过法官和巡视员，他和穆萨菲一样手上无兵，但他出身于一个历史悠久的家族。在塔里克·伊本·齐亚德和柏柏尔人第一次入侵西班牙时，有为数不多的撒拉逊人追随其左右，曼苏尔的先祖就在其中。曼苏尔毫不犹豫地自愿率军对抗基督教徒，奇袭了莱昂。他对士兵慷慨大方。当重返科尔多瓦时，他一战成名，不仅成了平民将军，也成了整个军队的偶像。

针对北方基督教徒的第二次战役打响了。这场战役的实际指挥者是边境军队指挥官——英勇的加里卜·伊本·阿卜杜拉赫曼(Ghalib ibn Abd al-Rahman)。曼苏尔用计谋和加里卜成了朋友。加里卜盛赞这次胜利得益于才华横溢的曼苏尔，还对曼苏尔的聪明睿智大吹大擂了一番。这样一来，科尔多瓦人都开始相信曼苏尔是个军事天才。在一连串的胜利和加里卜的支持下，曼苏尔把穆萨菲的儿子从科尔多瓦很高的位置上踢了下去，自己取而代之。在行政方面，他的能力令人钦佩。科尔多瓦井然有序，律法公正透明。因为触犯法律，他的亲生儿子也被打死了。作为孩子的父亲，他和卢修斯·朱尼厄斯·布鲁特斯(Lucius Junius Brutus)一样，不允许法外施恩。这一行为使他深受爱戴。他之前已经赢得了士兵的欢心，现在又赢得了所有守法市民的好感。到了利用阴谋大举出击的时刻，他用计谋挑拨穆萨菲对抗加里卜，加深了伤痕累累的武将和软弱的文官之间的裂痕。为弥补裂痕，穆萨菲想和加里卜联姻。曼苏尔诱使加里卜将女儿嫁给自己，给了穆萨菲最后一击。978年，哈卡姆二世驾崩仅两年，曼苏尔一手牌便打得风生水起。他有底气指控穆萨菲贪腐，并且证据充足。随后，穆萨菲被逮捕、审判、判刑。接下来的五年，这位曾经权势滔天的宫中大管家在曼苏尔脚下苟延残喘，最后死在监狱里。他很可能是被死对头曼苏尔毒死的。他死时，身上只有一件破旧的斗篷，真是赤条条而去。谁敢挡曼苏尔野心之路，谁就是这个下场。当穆萨菲处于荣耀和权力的巅峰时，成千上万的人跪下来乞求他的提拔，莱昂的一位国王也谦卑地想要亲吻他的手。现在，他的境况却一落千丈。年轻的曼苏尔，卑微的出身也掩盖不了其才能，把穆萨菲这位宫中大管家打入了尘埃，让他一无所有。

就在穆萨菲蒙羞的同一天，曼苏尔走上了神坛。现在，他站在权力的巅峰，成了整个信奉伊斯兰教的西班牙的实际统治者。科尔多瓦的政府首脑应该是宫中的希沙姆二世，但曼苏尔把他幽禁在了后宫。至于协助管理国家事务的维齐尔委员会(Council of Vizirs)，曼苏尔将其牢牢地控制在自己手中。住在郊区宫殿里的曼苏尔统治着整个科尔多瓦哈里发国。文件和宣言都是以曼苏尔的名义发出的；人们为曼苏尔祈祷，还把他的头像铸在钱币上以示纪念；如埃米尔一般，曼苏尔穿着织有自己名字的金丝长袍。然而，一切并非安全无虞。野心滋生危险，那些被践踏的人往往会卷土重来寻找机会报仇。曼苏尔就面临这样的情况。斯拉夫禁卫军试图拥立希沙姆二世以外的继承人，被曼苏尔镇压。现在，这些人中有人企图暗杀曼苏尔，却以失败告终。暗杀的始作俑者和很多核心人物一起被逮捕、判刑，残酷处死。

曼苏尔在科尔多瓦拥有至高无上的地位。年轻的哈里发——希沙姆二世对自己被幽禁没有任何反抗。他的母亲科尔多瓦的苏布仍然信任曼苏尔。表面上，只有一个人能与曼苏尔抗衡，那就是曼苏尔的岳父加里卜·伊本·阿卜杜拉赫曼。曼苏尔毫无作战经验，敢指挥军队向基督教徒开战，这一点让军人很惊讶。军人对曼苏尔只是钦佩，但他们热爱、崇拜真正的勇士加里卜。加里卜是个天生的军人，强悍无比。因此，他成了曼苏尔必须除去的劲敌。曼苏尔以一贯的沉着开始布局。想干什么事，他都会坚定不移地、沉着地去完成。有一天，他正与维齐尔委员会、政府成员坐在一起议事。突然，议事厅里有一股烧焦的肉的味道。大家发现滚烫的烙铁烙在曼苏尔的腿上，他竟还在冷静地讨论国事！从这可以充分看出他的坚毅。这样的人想清除任何障碍都不会是难事，包括除掉加里卜。曼苏尔仔细谋划。他的谋划向来万无一失。当自己的措施太过强硬而不能被民众认可时，他总能拿出让人认可的备用方案。当几个首领在前面提到的暗杀未遂事件中闹得正欢腾时，曼苏尔意识到神学家对自己有敌意，立即想办法与其和解。他召集教义解读方面的权威人士开会，要求列出一份他们认为危险和异端的书籍清单。西班牙的穆斯林以严谨而闻名，不允许哲学家随意发表言论。这群人很快拿出了罗马天主教会说的“教廷禁书目录(Index Expurgatorius)”，也就是被定罪的书籍清单。曼苏尔立即将列出的书籍公开烧毁。他确实是一个思想开放，可以容忍哲学思想的人。但通过这种简单的操作，他成功把自己塑造成正统学说的捍卫者。神学家不再密谋反对曼苏尔了。

一个这么善于用计的人想除掉加里卜不会太难。首先，曼苏尔开始了一系列的军事改革，借此削弱了军队长官的影响力。他之所以这样做，是因为士兵只忠于自己的长官。现在，他从非洲和北方的基督教徒中招募新兵，让新兵都忠诚于自己。曼苏尔的慷慨大方和展现出的军事才能征服了这些基督教徒。他们很快真心拥护曼苏尔这个严厉的指挥官。众所周知，曼苏尔曾用犯人的剑砍下了这个犯人的头，因为还不到自己的剑出鞘之时。此人不听军令拔剑，杀！在训练和纪律方面，虽然曼苏尔要求严苛，但只要士兵能打仗、守纪律，他也能爱兵如子。他的影响无处不在。有一次，他坐在营帐里，看到部下惊慌失措地跑进来，敌人紧追其后。他从座位上摔了下来，扔掉头盔，坐在了地上。曼苏尔的绝望让部下清醒过来，他们突然转身扑向敌人，一举将其击溃，甚至将敌人一直追到莱昂的大街小巷。此外，曼苏尔对北方诸国发动了五十多次战役，次次成功，缴获了巨额战利品。就这样，他不断征收新兵。新兵对他忠心耿耿。边境的加里卜和手下的老兵很快遭到痛击。在一次交战中，加里卜阵亡。扎布(Zāb)的头领贾法尔(Ja'far)在军中威望很高，这让曼苏尔心生不安。贾法尔受邀到曼苏尔的住处做客，喝得酩酊大醉，在回家的路上被暗杀了。曼苏尔的背信弃义之举和罪行还有很多。他的许多杰出品质让他像是一个英雄，但背信弃义的行径又有损其威名。他虽然残酷无情、肆无忌惮，但给安达卢西亚带来的新荣耀，连杰出的哈里发阿卜杜拉赫曼三世也未曾带来过。他把科尔多瓦与自己作对的派别权力架空，让其无能为力，只能安分守己。科尔多瓦的苏布和宫廷派已经厌倦或者开始嫉妒曼苏尔的权力越来越大。他们开始含沙射影，挑拨民众对曼苏尔幽禁年轻的希沙姆二世的不满。闻此风声，曼苏尔大力扩建科尔多瓦大清真寺以安抚民众。同时，他利用个人影响力继续威慑希沙姆二世。另外，他派人严密监视政府的各个部门，不放过一丝一毫有违自己命令的人。他还投入大量时间学习文学和诗歌。他虽然日理万机，但这个不知疲倦的人赢得了在非洲的战争。他沿着柏柏里海岸不断扩大统治区域。一年两次，一般在春秋两季，他率军征讨莱昂和卡斯蒂尔的基督教徒。像文化人一样，在征战途中，他一直带着书——书是常伴自己征战的“诗人”。从来没有一位将军能像他一样屡屡获胜。他有凶悍的外国雇佣兵，高薪和获取丰厚战利品的诱惑又使他赢得了许多基督教徒的支持。他将战火烧到西班牙北方各地。他占领了莱昂，将巨大的城墙和塔楼夷为平地。巴塞罗那(Barcelona)也被占领了。他甚至冒险进入加利西亚的山口，将圣地亚哥德孔波斯特拉(Santiago de Compostela)辉煌的教堂夷为平地。此地是无数次朝觐的中心，几乎是欧洲的克尔白[1]。这么著名的圣地被毁真是糟糕透顶。然而，圣詹姆斯(St. James)的圣地幸免于难，那里有无数圣人留下的遗迹。据说，曼苏尔进入荒废的圣詹姆斯城时，发现城中只剩下一个修士在圣殿前祈祷。“你在这里做什么？”曼苏尔问道。“我在祈祷。”修士回答。曼苏尔立即赦免了这个修士，并派了一队士兵来保护这个修士和圣詹姆斯的墓。同时，士兵继续摧毁圣詹姆斯城中的一切。在其中一次战役后，曼苏尔当之无愧地获得了“胜利者”的称号。他的军队每半年发动一次远征，基督教国家的统治者都会感到焦头烂额。莱昂及其邻国变成了科尔多瓦哈里发国的附属之地。卡斯蒂尔、巴塞罗那和纳瓦拉屡屡被击败。曼苏尔占领了很多首府——莱昂、潘普洛纳、巴塞罗那，甚至包括圣地亚哥德孔波斯特拉。有一次，他迫使潘普洛纳国王屈服，仅仅是因为毫不妥协的曼苏尔得知潘普洛纳王国里有一个被俘的穆斯林妇女。这个妇女立即被送了出来，潘普洛纳王国为自己的“过错”说尽好话。还有一次，曼苏尔发现基督教徒切断了自己和军队的退路。基督教徒在他身后占据了一处坚不可摧的要地，让他无法返回科尔多瓦。他毫不气馁，命令军队四处出击，收集农具和盖房子的材料。相信自己掐住了曼苏尔喉咙但不敢进攻的基督教徒很快发现，曼苏尔的军队

① 克尔白，又称“天房”，意即“真主之家”，是位于沙特撒拉逊麦加大清真寺广场中央的一座圣殿，为伊斯兰教最神圣的地方。——译者注

在搭建营房，还欢天喜地耕种土地。他们十分惊讶，询问曼苏尔的军队到底想干什么。曼苏尔手下的军人冷冷地回答：“我们觉得再回家一趟不划算，反正下一场仗马上就要开打，休战期间我们怎么舒服怎么来！”一想到这些他们就不打算走了，基督教徒不寒而栗，不仅放弃了优势地位，还让曼苏尔的军队满载战利品而去，甚至连驮运战利品的骡子也给了曼苏尔。

凡人战胜不了曼苏尔，但曼苏尔不会永生。在取得攻打卡斯蒂尔人的最后一次战争的胜利后，曼苏尔身染重病，病逝于梅迪纳塞利(Medinaceli)。一位基督教编年史家曾说：“1002年，曼苏尔死，埋在了地狱。”基督教徒获得解脱的欣喜可见一斑。

第十章

柏柏尔人登上统治舞台

The Berbers in Power

失去引领国家前进的核心人物时，组织框架再好的国家也会陷入混乱。这为“国家最好由人民共治”的观点提供了有力的支撑。有人说，让一个人当权，这个人一旦去世或出现其他状况，人民就不知道该怎么办了。这个说法概括性地陈述了一个显而易见的真理，至于怎么理解这个真理，很大程度上取决于国民的性格。一些国家似乎需要拥有绝对权力的领导者，依赖拥有绝对权力的领导者做决定。在这种情况下，国家由人民共治并非好事，这样会产生一个平庸的、不会强大的国家。安达卢西亚时刻需要领导者，领导者一死，国家就垮了。当“伟大的恺撒倒下”时，“你和我，所有人都倒下了”，这样的话更多是出于对“无能”的指责，而非“同情”。摩尔人统治下的西班牙，敌对派系众多，根本不可能制定出类似于宪法的东西。只有一位拥有绝对权力的领导者才能压制安达卢西亚各种宗教和种族间的敌意。只要想想爱尔兰(Ireland)的历史和特点，以及派系林立的大不列颠岛上南北之间不可调和的敌意，读者就会明白，治理一个由多民族构成并且宗教信仰不同的国家不可能像治理一个由单一民族构成的国家那样容易。这个道理大家都懂。

回顾我们讲的安达卢西亚的历史，读者会觉得安达卢西亚的历史跌宕起伏，荡气回肠。首先，我们目睹了一场由天生的勇士领导的突袭。突袭者征服了伊比利亚半岛，刚将伊比利亚半岛赢到手中，突袭者就因内部的嫉妒和分裂险些将用命搏来的果实毁于一旦。然后，一个强者出现了，就是阿卜杜拉赫曼一世。他是天生的王者。安达卢西亚再次获得表面上的统一。“王啊，愿您万岁！”这是向波斯统治者致辞的常用说辞。人们不禁设想，如果选对了国王，他还能长生不老，可能会解决所有政治麻烦。但这一切只是设想，科尔多瓦酋长国的第一位统治者阿卜杜拉赫曼一世不可能长生不老。随着他的驾崩，强大的压制力量慢慢消失。之后，内战和混乱再度在科尔多瓦上演。天赐的王者又一次拯救了这个国家。阿卜杜拉赫曼三世在位期间，改革法律，稳定秩序，击退入侵者，将叛乱者踩在脚下。在五十年的时间里，安达卢西亚成了和平与繁荣的天堂。如果他能一直活着，安达卢西亚可能会一直保持和平。这样一来，我们永远不会听到对犹太人和摩尔人的迫害，还有宗教裁判所(Inquisition)的惊悚作为，甚至也不会有后来的卡洛斯派(Carlists)。遗憾的是，他不可能一直活着。但他离世时，还是给科尔多瓦哈里发国留下了一个领导人。他曾两次拯救了西班牙，现在轮到一位首相将国家团结在一起。曼苏尔，这个位高权重的大臣将自己的意志渗透伊比利亚半岛的每个角落。然而，他也是个凡人，也会死去，死后被“埋在了地狱”。当安达卢西亚沦为各派势力的猎物时，他把繁荣、财富、安全带给了这片土地。只有他的铁腕手段才能镇住安达卢西亚的各派势力。八十年来，安达卢西亚被嫉妒的酋长、好斗的暴君，还有摩尔人、撒拉逊人、斯拉夫人和西班牙人折腾得四分五裂。虽然时间抹掉了许多世仇，部族间的嫉妒随着血统的没落逐渐淡化，但竞争依然激烈。无论是个人的、种族的竞争还是宗教的竞争，都让安达卢西亚成为人间地狱。

在曼苏尔去世后的六年里，其子阿卜杜拉·马利克·穆扎法尔(Abd al-Malik al-Muzaffar)维持了科尔多瓦哈里发国的统一。随后，贪婪的冒险家、敌对的哈里发和厚颜无耻的伪装者开始登台。西班牙人是在各民族融合后形成的，喜欢被哈里发统治，喜欢王朝，对后伍麦叶王朝深感自豪。无论大臣统治下的政府处事多么公正，都不是西班牙人理想的政府。西班牙必须由哈里发亲自统治。因此，西班牙人反抗曼苏尔的另一个儿子阿卜杜拉赫曼·桑丘埃洛(Abd al-Rahman Sanchuelo)的统治。阿卜杜拉赫曼·桑丘埃洛竟敢公开声称要继承哈里发之位，惹了众怒。西班牙人坚持要软弱的希沙姆二世将科尔多瓦哈里发国握在自己手中。不幸的希沙姆二世，一个快乐的囚犯，在后宫隐居了三十年后，突然被拖了出来。他恳求西班牙人不要勉强自己，但徒劳无功。西班牙人要求希沙姆二世亲自治国理政，但当认清这个软弱的中年男子像婴儿一样无能时，又让他退位，从伍麦叶家族中另选一人取而代之。安达卢西亚的后伍麦叶王朝就此落幕。在接下来的二十年里，西班牙走马灯似的换着哈里发：有的是科尔多瓦人的傀儡，有的是斯拉夫禁卫军的傀儡，有的是柏柏尔人的傀儡，还有的是用来掩饰塞维利亚统治者野心的傀儡。这些人无一例外都是某个派别的傀儡，没有任何权威。随着不断更换哈里发，科尔多瓦宫中的王座厅成了一起又一起谋杀案的现场。有个可怜的家伙躲在浴室里，被拖到继任者面前杀掉。这种事很快也会落到下一个继任者头上。希沙姆二世，被曼苏尔和科尔多瓦的苏布养得永远像个婴儿一样的可怜人，被迫在这些狂欢中扮演自己的角色——不停地被立被废。从前，后宫的美人像“丝质的锁链”一样，将他绑在后宫。现在，他被囚禁在阴暗的地牢中。他后来遭遇了什么不得而知。他的女人们说，他设法逃了出去，到亚细亚或麦加避难。对可怜的希沙姆二世来说，哈里发之位没什么吸引力，他热爱的是隐居和虔诚的修行。他知道，只要自己还在安达卢西亚，就会给野心勃勃的人发动战争的借口，只会导致进一步的冲突。因此，他宁愿在伊斯兰教的圣殿里，用虔诚的修行结束一生。一个长得很像他的冒牌货在塞维利亚自立为哈里发。据说，这个冒牌货不过是实力雄厚的塞维利亚勋爵的提线木偶。真正的希沙姆二世永远消失了，音信全无。

后伍麦叶家族无奈地沦为凶恶的摩尔人或斯拉夫人棋盘上的棋子。从被废的科尔多瓦哈里发希沙姆三世(Hishām III)身上，可以看出后伍麦叶家族的命运有多不幸。科尔多瓦城中的首领一声令下，温和、仁慈的希沙姆三世和家人就被拖到了一个与科尔多瓦大清真寺相连的阴冷的圆顶屋内。圆顶屋内一片漆黑，又湿又冷，污浊的空气让人窒息。可怜的希沙姆三世坐在那里，怀里抱着他唯一的孩子——一个小女孩。他的女人在他周围走来走去，哭泣着、颤抖着，衣衫褴褛，蓬头垢面。已经很久没东西吃了，希沙姆三世及其家人好像被残酷的狱卒遗忘了。后伍麦叶家族的王室成员来向希沙姆三世宣布委员会的决定。这个委员会是为了决定希沙姆三世的命运匆忙拼凑起来的。可怜的希沙姆三世想给怀中的女儿一点儿温暖，打断了他们："好的！是！不管什么决定，我都会服从。不过，看在真主的分儿上，给我弄点面包来，我可怜的女儿就要饿死了。"这群人被触动了，他们从没想过这样折磨希沙姆三世。面包被端来了，谈话继续："陛下，上头已经决定黎明时把您抓走，囚禁在某某要塞。""就这样吧。"希沙姆三世回答说，"我只有一个请求，给我一支蜡烛，这阴冷的地方太黑了，让人恐惧。"西班牙穆斯林的精神和世俗的象征——哈里发希沙姆三世身陷囹圄，不得不向人乞求面包和蜡烛。

如今，这样的场景在科尔多瓦屡见不鲜，科尔多瓦哈里发之位的每一次更替都会带来新的恐怖。科尔多瓦人口大幅增长，加上贸易和手工业的高速发展催生出了富有的工匠阶层。科尔多瓦人想要独立的情绪日益高涨。当科尔多瓦人推翻曼苏尔及其继承者时，每个阶层的人都有自己的打算。曼苏尔在科尔多瓦附近建造了美丽的宫殿供自己和政府官员使用。为了报复，暴徒洗劫了这座宫殿，又一把火烧掉了它。暴徒肆无忌惮，连续四天不断在烧杀抢掠，科尔多瓦一片狼藉。然后，柏柏尔人来了。蛮横的斯拉夫禁卫军让人深恶痛绝，柏柏尔人同

塞维利亚的吉拉达塔

样蛮横无比。柏柏尔人在科尔多瓦城中抢劫，他们走到哪儿，屠杀、焚烧就到哪儿，一座又一座宫殿被洗劫和焚烧。美丽的阿尔扎哈拉城是哈里发阿卜杜拉赫曼三世的挚爱，柏柏尔人攻占了它，将其洗劫一空后又放火焚烧。两任哈里发不计花费，用所有精美艺术品精心装点的阿尔扎哈拉城只剩下一堆焦黑的石头。科尔多瓦驻军都死于柏柏尔人剑下，居民逃到清真寺避难。1010年，肆无忌惮的柏柏尔人，在神圣的地方大肆屠杀成年男人、女人和儿童。

科尔多瓦被野蛮的斯拉夫人和柏柏尔人折腾得千疮百孔。科尔多瓦哈里发国不断更换哈里发，后伍麦叶家族的统治地位被哈穆德(Hammūd)王朝取代了。其间，科尔多瓦尝试过成立一个城市委员会来治理科尔多瓦哈里发国。在政局动荡中，西班牙各地早已抛弃了对科尔多瓦的忠诚，曼苏尔死亡后，西班牙各个城市纷纷涌现出独立的领主。突然出现这么多小国，西班牙人也不同意，当外国人瓜分西班牙的土地时，他们只能毫无作为地看着和哀叹。柏柏尔将军在安达卢西亚南边掠夺财富；斯拉夫人征服安达卢西亚东部；其余的地方落到富人或少数贵族手里，这些贵族逃过了以前阿卜杜拉赫曼三世和曼苏尔的打压。安达卢西亚最重要的两个城市——科尔多瓦和塞维利亚建立了共和国。然而，所谓的共和名不副实，因为这两个城市的执政官像皇帝一样专制。11世纪上半叶，西班牙大约出现了二十个独立的王朝，影响较大的有：阿巴德王朝(Abbadites)、哈穆德王朝、格拉纳达的齐里王朝(Zirites)、萨拉戈萨的贝尼·胡德(Beny Hūd)建立的王朝、托莱多的祖恩努恩王朝，以及在巴伦西亚、穆尔西亚和阿尔梅里亚建立的王朝。这些王朝的统治者大多残暴无能，只有少数比较开明。有些统治者还有点雅趣，喜欢学术和文学，让自己的宫廷成了诗人和乐人的乐园。例如，塞维利亚国王穆耳台米德(Mo' temid)是一位才华横溢的统治者，但他建了一座人头花园，摆着敌人的头颅，还以此为傲，陶醉其中。总而言之，此时的科尔多瓦乱象丛生，很像阿卜杜拉赫曼三世即位之初的情形，但略有些不同，没有像奥马尔·伊本·哈夫森那样的大规模的基督教徒叛乱。但无政府状态和那时一样，科尔多瓦随时面临崩溃的危险。

西班牙北方的基督教徒现在行动起来了，他们会好好利用看到的机会。莱昂兼卡斯蒂尔国王阿方索六世(Alfonso VI of León and Castile)统一了阿斯图里亚斯、莱昂和卡斯蒂尔三个王国，他非常清楚自己的目标。只要诱惑够大，再危险的行动，穆斯林统治者也愿意去实施，对此，阿方索六世心知肚明。目光短浅的统治者只关心自己微不足道的个人权力，只要是能削弱对手力量的事，他们都乐于参与。他们匍匐在阿方索六世脚下，一旦发现自己被更强大的邻居压制，就恳求阿方索六世的帮助。卡斯蒂尔人不断侵扰西班牙各地，甚至远至加的斯。因为想借助基督教徒的力量，或者惧怕卡斯蒂尔的侵袭，很多王国都向阿方索六世进贡。每年给阿方索六世的贡品越来越多——这是获得阿方索六世友谊的代价，这也为阿方索六世发动战争积累了资本。西班牙北部一贫如洗，但阿方索六世相信自己会使西班牙恢复繁荣。这些王国给阿方索六世的贡品会成为消灭自己的物资，这很有讽刺意味吧？西班牙分裂和嫉妒情绪盛行，统治者没有耐心去解决这些问题。阿方索六世终于走遍了整个西班牙，沐浴着赫拉克勒斯柱旁的海风，为自己到达了水的边界欢欣鼓舞。另外，他在伊斯兰教领土正中心的阿莱多要塞驻扎了一万两千多名勇士，以此为根据地开始无情地侵袭整个西班牙。他们犯下累累罪行。罗德里戈·德·维瓦尔(Rodrigo de Bivar)，即“挑战者熙德”，和手下的卡斯蒂尔人在巴伦西亚(Valencia)建立了自己的家园，而邻近的地区一片荒芜。这时，每个人都清楚阿方索六世只有一个意图：重新征服整个西班牙，消灭所有摩尔人。统治者们终于意识到了危险，开始组织防御。即使面对共同的敌人，也别指望这么多敌对派别会团结起来一致对外。这些统治者无法战胜阿方索六世，只能选择唯一的出路——找外援。有些统治者预见外援可能会威胁到自己，但穆耳台米德让他们闭嘴：“宁可在非洲沙漠里赶骆驼，也不要在卡斯蒂尔当猪倌！”需要的外援就要来了！北非发生了一次新的柏柏尔人革命，一群被称为“马拉布特”或“圣徒”[①]的狂热分子占领了从阿尔及尔(Algiers)到塞内加尔(Senegal)的整个

① 西班牙人称之为阿尔摩拉维德人。——原注

地区。他们做好了征服西班牙的充分准备，他们像塔里克·伊本·齐亚德及其追随者一样勇猛。阿尔摩拉维德人确实帮了穆斯林统治者的忙。他们好像对迷人的安达卢西亚极不在意，但他们来到西班牙后，便不打算走了。

阿尔摩拉维德人一路畅通无阻来到西班牙，像蝗虫一样吞噬送到嘴边的土地。自从曼苏尔死后，混乱摧毁了科尔多瓦人的幸福生活。现在，科尔多瓦人欣喜地看到强大的阿尔摩拉维德人来镇压混乱。要么是卑鄙的暴君邀请了阿尔摩拉维德人前来，要么是暴君无法抗拒阿尔摩拉维德人。无论如何，科尔多瓦人看到卡斯蒂尔人被成功击退时，欢欣鼓舞。阿尔摩拉维德埃米尔优素福·伊本·塔什芬(Yusuf ibn Tashfin)占领阿尔盖西拉斯后，将阿尔盖西拉斯作为港口和后续行动的基地，如入无人之境向各地进军。1086年10月23日，在巴达霍斯附近的萨拉卡(Zallāka)①，柏柏尔和安达卢西亚联军遇到阿方索六世的军队。看着自己威武雄壮的军队，阿方索六世高呼："和你们这样的人在一起，我可以打败魔鬼、天使和幽灵！"他用了一个计谋，想给柏柏尔和安达卢西亚联军一个"惊喜"。优素福没有惊慌失措，巧妙地前后夹击卡斯蒂尔军队，把卡斯蒂尔军队分成前后两部分。卡斯蒂尔那些久经沙场的士兵尽管很会打仗，但还是被彻底打垮。阿方索六世带着大约五百名骑兵逃出，成千上

① 西班牙人称"萨格拉加"。——原注

万的卡斯蒂尔士兵命丧黄泉，他们僵硬无力地倒在战场上。

胜利后，优素福返回非洲，留下三千名柏柏尔人帮助安达卢西亚人。他曾许诺不会吞并安达卢西亚。到目前为止，除了占有阿尔盖西拉斯港，他确实没有侵占其他地方。安达卢西亚人热爱他，赞扬他的英勇，因胜利而欢欣鼓舞。他自己则按照祭司的建议行事，除了在伊斯兰教早期由哈里发奥马尔授权的少数条目外，他取消了西班牙所有税收。对此，安达卢西亚人钦佩优素福。然而，安达卢西亚的上层人士嘲笑优素福的无知和粗鲁，因为他只会说一点儿撒拉逊语。当诗人吟诵迷人的诗句赞美优素福时，优素福甚至抓不住赞美的要点，这在优雅高贵的安达卢西亚人眼里很失礼。即使在性命攸关时，安达卢西亚人也从未忘记诗歌。在安达卢西亚上层人眼里，优素福只是个野蛮人。即使鄙视其文化素养，这群人也离不开其帮助。安达卢西亚人看重的是安全而不是文化，他们很高兴优素福能做安达卢西亚的统治者。1090年，塞维利亚国王穆耳台米德再次祈求阿尔摩拉维德人帮忙对抗基督教徒。基督教徒一如既往地勇猛无畏，以坚固的阿莱多为据点，发动了一场持久的战争。优素福假装不情愿地答应了。这一次，他对安达卢西亚的统治者和卡斯蒂尔的基督教徒都发起了进攻。在他耳边，这些愚蠢的统治者喋喋不休地相互抱怨，互相背叛，很快失去了他的信任。安达卢西亚人支持他，就连神职人员也站在他这边。此时，他就要打破自己不吞并安达卢西亚的承诺。安达卢西亚人甚至还以真主的名义敦促优素福，让四分五裂的安达卢西亚重现和平与幸福是他的职责。优素福一直受自己精神导师的影响，即使没有这样的外部动力，他的野心也足以促使他行动。优素福决定要征服西班牙。1090年末，他开始进攻西班牙。1090年11月，他率军进驻格拉纳达，将格拉纳达的奇珍异宝分发给下属。这些都是下属平生未见过的华美之物，像钻石、珍珠、红宝石、水晶杯等，还有华丽的金银饰品和颜色绚丽的地毯。1090年12月，塔里法沦陷。1091年，他率兵占领了塞维利亚和安达卢西亚的很多主要城市。阿方索六世派遣了一支由名将阿尔瓦尔·法涅兹(Alvar Fañez)率领的军队。这支军队也被打败了。除了巴伦西亚，安达卢西亚以南都落入阿尔摩拉维德人之手。如果熙德还活着，能够指挥防御，可能任何人都攻不下巴伦西亚。英雄熙德去世几年后，1102年，巴伦西亚沦陷了。现在，除了托莱多，整个西班牙已经成为阿尔摩拉维德人建立的帝国的一部分。

有一段时间，阿尔摩拉维德人确实让西班牙人满意。但少数有地位和受过教育的西班牙人不太满意。对西班牙人来说，禁欲和苦修的时代已经来临，却没有再出现约翰·米尔顿(John Milton)来减轻苦修之痛。在很多宫廷聚会上，诗人和学者成了座上宾。即便是嗜血的暴君，也会在这些宫廷聚会上，热情欣喜地欢迎诗人和学者的到来。但这些诗人和学者很厌恶野蛮的柏柏尔人，因为柏柏尔人欣赏不了他们的优雅之处。有时，柏柏尔人统治者想要模仿之前有修养的统治者，但这种做法只是东施效颦，让人贻笑大方。阿尔摩拉维德王朝的顾问，一群狂热的牧师，上台了。对此，自由思想家和知识渊博的人感到沮丧。因为牧师不仅狂热地反对任何有哲学意味的东西，还要按照自己的想法解读《古兰经》。犹太人和基督教徒很快就明白了什么是阿尔摩拉维德人的“宽容”：残酷的迫害、屠杀或流放。看到请来帮助自己的阿尔摩拉维德人鹊巢鸠占，幸存下来的西班牙贵族感到惊恐和绝望。这群阿尔摩拉维德人的柏柏尔人前辈在科尔多瓦哈里发国后期的所作所为浮现眼前。与西班牙幸存下来的贵族感受不同，西班牙广大民众很高兴看到阿尔摩拉维德人留在西班牙，人们的生命和财产终于安全了。此前，没几个王国强大到能保护城门外的人民，因为当时强盗横行，人们已经很多年不敢出远门。现在，强盗销声匿迹，出门不用再担心会遇到强盗。基督教徒也被赶回自己的领地，无法突袭毫无防备的村庄或滋扰这片土地。基督教徒普遍害怕柏柏尔人。柏柏尔人长期对抗基督教徒，保护了广大西班牙人。西班牙暂时恢复了秩序和安宁，法律得到尊重，西班牙人梦想着接下来可以享受幸福生活了。

然而，所有梦想都只是错觉，等待西班牙人的根本不是幸福。柏柏尔人同罗马人和哥特人一样，在经历了几代人的统治后，开始骄奢淫逸。刚到西班牙时，柏柏尔人是顽强、精壮的勇士，不喜欢奢侈，享受着力量带来的荣耀，对自己的宗教充满了热情。卡普阿(Capua)的奢侈生活曾让汉尼拔(Hannibal)军队士气低迷。现在，享受胜利果实没多久，柏柏尔人的士气也开始低迷。柏柏尔人丧失了警惕，失去了对战争的热情，失去了在战争中苦中作乐的精神，以令人难以置信的速度丢掉了所有的男子气概。二十年来，没有柏柏尔军人值得信赖。他们无法让人们相信自己可以击退卡斯蒂尔人的进攻。柏柏尔军人变成了一群混乱无章的放荡鬼和可怜虫。他们喝得酩酊大醉，没有一点儿男子气概，成了懦夫，他们不再是秩序的维持者，而是扰乱秩序的人。他们成了强盗，攻击平民，成了一有机会就行窃的小偷。西班牙的状况糟糕透顶，比那些暴君统治时期还要差。混乱无章的柏柏尔军人听命于坏女人和野心勃勃的神职人员，昨天还认可的事今天就不认了。这样的统治岂能长久？一场革命正在削弱阿尔摩拉维德人的力量。在阿方索六世的领导下，卡斯蒂尔人继续袭击安达卢西亚。1125年，整整一年，西班牙南部受到不断的骚扰。1133年，基督教徒烧毁了科尔多瓦、塞维利亚和卡莫纳的郊区。洗劫了希雷斯(Xeres)后，他们将希雷斯同样烧毁。基督教徒的进攻从莱昂蔓延到了直布罗陀海峡。然而，陷入困境的阿尔摩拉维德人没有采取任何措施，他们的懦弱激怒了西班牙人。西班牙人终于在愤怒中爆发，要把无能的阿尔摩拉维德人从西班牙的土地上赶走。

有位撒拉逊历史学家说：“最后，当安达卢西亚人看到阿尔摩拉维德人的统治要瓦解时，他们不再等待，撕开了虚伪的面具，公开反叛。每一个小首领或有影响力的人，只要能指挥动几个追随者，在需要时有一座城堡可供退守，就把自己封为苏丹。安达卢西亚有多少个城镇，就有多少个苏丹。伊本-哈姆德(Ibn-Hamdīn)在科尔多瓦反叛；伊本-梅姆(Ibn-Maymūn)在加的斯(Cadiz)反叛；伊本-卡欣(Ibn-Kāsy)和伊本-韦兹·塞达雷(Ibn-Wezīr Seddaray)在西班牙西部反叛；兰姆图尼(Lamtūny)在格拉纳达反叛；伊本-马丹内什(Ibn-Mardanīsh)在巴伦西亚反叛。反叛者有些是安达卢西亚人，有些是柏柏尔人。然而，这一切很快被阿卜杜拉·穆明(Abd al-Mumin)率军镇压。阿卜杜拉·穆明夺走了上述所有人的领土，控制了整个安达卢西亚。”他是阿尔摩哈德王朝的领导人，继承了阿尔摩拉维德人在非洲和西班牙的权力。

第十一章

挑战者熙德

My Cid the Challenger

现在该回过头看看西班牙北边摩尔人的对手了。佩拉约把哥特人的残余势力聚集在阿斯图里安(Asturian)山中难以进入的山洞和堡垒中。这些残余势力迅速开疆拓土，扩大原有地盘。驻扎在摩尔人领土北方边界的柏柏尔人心有怨言，对此睁一只眼闭一只眼。因此，基督教徒鼓起勇气逐渐收复了瓜达拉马山脉(Sierra de Guadarrama)以北的大部分领土，并在那里建立了莱昂王国和卡斯蒂尔王国。在更东边的比利牛斯山脉脚下，独立的潘普洛纳王国崛起。这些基督教国家与邻国的摩尔人连年征战。如果不是持续不断的分裂削弱了各个基督教国家的力量，战火可能更加激烈，同时，内战消耗了莱昂、卡斯蒂尔和潘普洛纳的基督教徒的精力。如果科尔多瓦哈里发国能保持强大统一，摩尔人完全能够顺利统治下去，然而，科尔多瓦哈里发国没落了，安达卢西亚分裂成众多小王国。每个小王国首先考虑的是自己的利益，然后再考虑整个摩尔人政权的利益。基督教徒越来越大胆，从摩尔人那里掠夺到非常多的领土。11世纪的混乱中，安达卢西亚的每个城市几乎都是一个国家。基督教徒横扫摩尔人的土地，向很多权力很大的摩尔人统治者索要贡品。此时，莱昂国王斐迪南一世(Fernando I of León)统一了西班牙北方的大部分地区，合并了莱昂和卡斯蒂尔，还将阿斯图里亚斯和加利西亚并入莱昂，他无疑是当时整个西班牙最有权势的国王。他率军吞并了葡萄牙的拉梅古(Lormego)、维塞乌(Viseu)和科英布拉(Coimbra)，并要求萨拉戈萨、托莱多、巴达乔斯和塞维利亚的统治者进贡。然而，他草率地将领土分给三个儿子和两个女儿。他死后，西班牙北方陷入长期内战。但这一切无损他的美名。莱昂兼卡斯蒂尔国王阿方索六世，最终成功地将支离破碎的西班牙各个地区重新统一。从此，基督教势力在西班牙的推进势不可当。统治者用巨额资金收买基督教徒，在阿尔摩拉维德军队的帮助下阻止基督教徒在摩尔人衰落时重新征服安达卢西亚。事实上，摩尔人面对着很多威胁。阿方索六世让摩尔人心生恐惧，但盟友阿尔摩拉维德人的强势同样令摩尔人担忧。夹在两者中间的摩尔人并不好过，最后不得不屈服于阿尔摩拉维德人。此时，基督教徒已经插手干预伊斯兰教各国的政务，基督教军队占领伊斯兰教各国的领土，并索要巨额贡品。基督教军队和穆斯林军队人员构成复杂。一方面，摩尔人的军队里有许多基督教徒雇佣军，在亵渎或毁灭信奉基督教地区的战役中，这些基督教徒雇佣军出力不小；另一方面，摩尔人准备投靠卡斯蒂尔，进攻穆斯林同胞。简言之，这是一个冒险家的时代，是雇佣兵的时代，是为个人利益，而非为国王和国家而战的时代。

如果我们把莱昂和卡斯蒂尔的勇士看作理想中的骑士荣誉和骑士精神的化身，那就大错特错了，把他们想象成优雅、有教养的绅士更是错上加错。西班牙北方的基督教徒与摩尔人形成了鲜明对比。撒拉逊人一开始也是蛮族，通过与安达卢西亚人的接触，加上天性喜欢享乐和奢侈的生活，他们被同化了，变得文明了。他们喜欢诗歌和文学，追求学问，最重要的是，他们想要最大限度地享受生活。他们心思细腻——只有品位较高、教养良好的人才能有的感触，他们也能感受到。他们浪漫，富有诗意、想象力、思考性，为一个名言警句不惜一掷千金，而这些钱足以养活一支军队。残暴、嗜血的独裁者，如果没点诗人气质，至少也应该学会欣赏诗歌和文学，否则就会遭人鄙视。撒拉逊人充满智慧，天性喜欢音乐、演讲和科学。19世纪下半叶，我们认为法国人有批判性的洞察力，心思细腻。其实，当时的撒拉逊人也毫不逊色。

西班牙北方的基督教徒与撒拉逊人完全不同，这不难理解。西班牙北方各国源自一个很古老的王国，但身上有许多新兴国家的特点。西班牙北方的基督教徒粗鲁，没有教养。这些国家的统治者缺乏良好的教育。他们太穷了，无法获得摩尔人统治者精致、奢侈的生活。基督教徒只是粗暴的勇士，喜欢打仗，他们的生活充满艰辛和自我牺牲，并为持久战做好了准备。他们想不到后世的诗人会把他们塑造成勇敢的骑士。他们只是手执利剑之人，为生存而战，贫穷可以让他们成为任何人的仆人，把英勇出卖给给钱最多的人。曼苏尔是如何在一大批莱昂人的帮助下战胜莱昂并夺取圣地亚哥的，这点我们都见识过。基督教徒非常清楚谁能主宰自己的命运。在西班牙历史上，11世纪，摩尔人头领雇用基督教骑士团的例子比比皆是。但最出名的基督教骑士要数西班牙的民族英雄熙德。

托莱多圣骑士置物柜

熙德的全名是罗德里戈·德·维瓦尔(Rodrigo de Vivar)。“熙德”是手下的摩尔人给他的称呼。19世纪下半叶，在埃及和其他地方仍然用“Sīd”称呼穆斯林绅士。这个词是“Seyyid”的变体，意思是“主人”。“Cid”或者“master”也有“Campeador”的意思，即“冠军”，更准确地说是“挑战者”。因为在当时的战争中，两军全面交战前一般会有一对一的挑战。一个著名的勇士会挺身而出挑战敌军，获得胜利，像站在以色列军队面前的歌利亚(Goliath)一样。熙德的超凡能力使他成为天生的挑战者，他的战绩无人能及，过去的编年史家亲切地称他为“我的熙德，战无不胜者”。我们现在很难断定熙德的丰功伟绩有多少是真实的，基督教编年史家只要一描述英雄熙德，就停不下来。在讲述莱昂国王如何占领巴黎，征服法兰西、德意志和意大利，甚至波斯人时，基督教编年史家的热情也很高涨，但谈到热爱的熙德的荣耀时，他们更激动。在西班牙民谣中，所有美德的圣洁光环都围绕着熙德，其中许多美德连熙德或他在卡斯蒂尔的同时代人也很难理解。西班牙人忘了一点，撒拉逊作家写的东西可信度更高。但当谈到一位像熙德这样给巴伦西亚的穆斯林带来很多痛苦的基督教徒时，撒拉逊人的评判也很难客观公正。即便如此，撒拉逊作家还是称熙德是“上帝的奇迹”。

在19世纪这个充满批判精神的时代，我们常常不得不遗憾地放弃童年时那些迷人的传统信仰，包括熙德。一位著名的东方学家写了本充满批判性的书，谈及这位令人敬畏的挑战者——熙德，绝不是人们想象中的英雄模样。在书中，熙德是一个奸诈残忍的人，一个违反圣义的人，一个背信弃义的人。赖因哈特·多齐认为，关于熙德的浪漫史是一堆虚构的故事，他写了一本关于“真实的熙德”的书，以反驳那些误导性的叙述。他的批评主要建立在撒拉逊历史学家的研究基础上。尽管撒拉逊历史学家存在民族和宗教偏见，但赖因哈特·多齐相信他们，如同普通人相信《熙德之歌》(*Chronicle of El Cid*)一样。然而，令人惊讶的是，赖因哈特·多齐的“真实的熙德”和浪漫的《熙德之歌》中的“熙德”差异很小。《熙德之歌》是在熙德死后仅半个世纪，由卡斯蒂尔国王阿方索十世(Alfonso X of Castile)组织编写的。1805年，罗伯特·骚塞(Robert Souy)将其翻译成英语。高超的翻译技巧和风格魅力使译作几乎与原著一样经典。撒拉逊历史学家主要研究熙德职业生涯的某个阶段。即使没有撒拉逊历史学家的分析，人们也可以分辨出《熙德之歌》中描述的事件明显是传奇故事。罗伯特·骚塞的经典译作是对熙德最流行的描述，对原作的内容有一定的甄别，并带有宽恕之心。《熙德之歌》中的熙德与浪漫史中的熙德完全不同。我们在抛弃后者完美无瑕的形象的同时仍可以相信前者。当然，熙德也有缺点，他确实犯下不少罪行。他不是正统信仰的捍卫者，因为他既为穆斯林战斗，也为基督教徒战斗。抢劫清真寺和抢劫教堂对他来说没什么区别，只要读过《熙德之歌》的人都清楚这一点。这就是真实的熙德，一个蛮荒时代的英雄。如果将英雄主义局限于具有所有基督教美德、长期吃苦受累、心怀怜悯的人身上，我们将不得不和大多数老朋友说再见。在特洛伊(Troy)的城墙外，阿喀琉斯(Achilles)拖着赫克托耳(Hector)的尸体时，阿喀琉斯并不是很温柔或富有同情心，但他是《伊利亚特》(*Iliad*)中的英雄。在情感细腻的今人看来，远古时代的大多数英雄做的很多事都很残忍、下流、卑鄙。以19世纪下半叶的道德准则评判昔日的英雄，这纯粹是对历史的歪曲。让我们承认这些英雄并不都具有光辉的形象，然后静静欣赏他们的事迹。他们执剑的手臂有力地挥舞，进攻时撼天动地，拥有魁梧的身体，骑马迎战敌人时眼睛闪闪发光。别期望他们是哲学家或政治经济学理论的严肃倡导者。我们对他们此时的形象——英雄——十分满意，他们具有英雄气概，是英勇的人类领袖。

对西班牙人来说，熙德是一位真正的英雄。首先，他战绩辉煌，仅他的名字就足以令人敬畏。其次，他是卡斯蒂尔战无不胜的人，就像传说中的贝尔纳多·德尔·卡皮奥(Bernardo del Carpio)和真实存在的卡斯蒂尔伯爵费尔南·冈萨雷斯那样。熙德公然反抗莱昂国王阿方索六世，体现出卡斯蒂尔人对吞并自己地盘的强大邻国的仇恨。最后，吟游诗人忘记了熙德长期与卡斯蒂尔国王结盟，或者故意让此事呈现公正的一面，只记得其是基督教徒，是反对异教徒的斗士。然而，《克罗尼卡将军》(*Cronica General*)的作者认为，熙德反抗阿方索六世并将斗争的矛头转向卡斯蒂尔人，破坏了其英雄形象。《熙德之歌》就是根据这本书整理的。学识渊博的卡斯蒂尔国王阿方索十世不能容忍熙德对其祖先阿方索六世的傲慢无礼。因此，罗伯特·骚塞版本的《熙德之歌》纠正了歌谣和浪漫故事中对熙德的过度吹捧。在关于熙德的很多作品中，很多细节不可信。尽管如此，熙德的英雄形象还是被保留了下来，但对其英雄形象的刻画还是有很多不足和局限性。对熙德的记录勾勒出一幅非常有趣的画面，描绘了一个激动人心的时代，以及西班牙骑士中最英勇的人物。

单熙德的故事就能写满一卷，我们在此仅摘录《熙德之歌》中最引人注目的几段。这位英雄人物的青年时代具有浓厚的神话色彩。他第一次出现在历史文献中是1064年。刚刚二十出头，在与纳瓦拉骑士的一场单打独斗中，他大获全胜，赢得了“挑战者”的头衔，旋即被任命为卡斯蒂尔军队的总指挥。他帮助卡斯蒂尔国王桑乔二世(Sancho II of Castile)战胜了弟弟莱昂国王阿方索六世。他的做法出其不意，有背信弃义的味道。但在那个艰难时代，这被认为是很好的策略。在萨莫拉的城墙下，贝利多·多尔福斯(Bellido Dolphus)谋杀了桑乔二世。熙德开始为桑乔二世的继任者服务，也就是之前遭他驱赶流亡的阿方索六世。起初，阿方索六世欢迎无敌的卡斯蒂尔骑士熙德来自己的宫廷，还将侄女希梅纳(Ximena)[①]嫁给熙德。然而，他本来就对熙德心怀芥蒂，又有人在旁挑唆，便疏远了熙德。1081年，熙德被流放国外。《熙德之歌》描述了他离开的场景。

熙德召集了所有亲朋好友和属下，告诉他们，阿方索六世要将自己驱逐出卡斯蒂尔，并问谁愿意随自己去流放之地，谁又愿意留在比瓦尔。然后，他的堂兄阿尔瓦尔·法涅兹(Alvar Fañez)上前一步说："大家都会和您一起去，无论是穿越茫茫沙漠，还是人烟稠密的地方，永远不会让您失望。我们会把我们的骡子、马匹、财物和衣服都拿出来为您服务。在有生之年，我们永远做您忠实的朋友和仆人。"大家一致同意阿尔瓦尔·法涅兹的话。熙德感谢他们的爱，说有一天会报答他们。

要离去了，熙德回头看了一眼自己的家。大厅空空荡荡，箱柜大开，房门敞开，门廊里没有椅子和挂着的披风，树篱上也没有鹰。他的泪水涌了出来。他说："看看我的对手做的这一切……凡事赞美上帝。"他朝东而跪说："圣母玛利亚，众圣徒，为我祷告吧，求上帝赐我力量，消灭一切异教徒，赢来足够的财富以报答我的朋友和所有忠诚于我、帮助我的人。"然后，他叫来了阿尔瓦尔·法涅兹，叮嘱道："国王对我们做

① 希梅纳是迭戈·费尔南德斯的女儿。迭戈·费尔南德斯是阿方索六世的堂兄。——译者注

的事与穷人无关，一定不要在流放途中伤害穷人。”他喊人牵来自己的马。一个站在门口的老妇人祝福道：“在幸运的时刻，去做你想做的事吧！”在老妇人的祝福声中，熙德翻身上马，说：“上帝必会保佑你我带着丰厚的战利品荣归故里。”离开比瓦尔(Bivar)时，熙德一行两手空空；到布尔戈斯(Burgos)时，他们已经有所收获。

进入布尔戈斯时，熙德身后飘扬着六十面彩旗。布尔戈斯的男女老少都来围观。布尔戈斯的男人和女人都在窗前哭泣。他们悲恸万分，齐声说：“主啊！如果有个好领主，熙德会是一个多么好的封臣啊！”人人都想招待熙德，但没人真敢这么做，因为怒气冲冲的阿方索六世写信到布尔戈斯，不准任何人给熙德提供住宿。违令者将被剥夺一切财产，还要被挖去双眼，对此，人们深感悲哀。熙德走近时，人们只能躲起来，不敢和他说话。熙德来到波萨达(Posada)的一个旅馆，走到门口时，发现由于人们惧怕阿方索六世，门被锁上了。他的随从在外面大声喊，但里面没人回应。他自己骑马来到门前，从马镫里抽出一只脚，踢了一下门，门锁得很紧，没踢开。一个九岁的小女孩从房里走了出来，说：“熙德啊，国王禁止我们接待您。一旦向您敞开大门，我们会马上失去房子、眼睛和所有一切。熙德，原谅我们的自私自利，但上帝和圣徒与您同在。”说完后，小女孩回房了。现在，熙德彻底明白了阿方索六世的意图。他掉转马头，策马来到圣玛利亚教堂(St. Mary's)。在圣玛利亚教堂，他下马跪下，全神贯注地祈祷。随后，他上马出城，到靠近阿兰松(Arlanzon)河畔的格勒(Glera)沙滩上搭起了帐篷。这一刻，他很高兴，戴上了剑。虽然没人愿意留宿他们，他们只能在沙滩上安顿下来，但熙德的身边有一群好伙伴，他仿佛置身于群山的怀抱中……

当熙德到达圣佩德罗德卡德尼亚(San Pedro de Cardeña)修道院时，公鸡正叫个不停，天刚蒙蒙亮。圣佩德罗德卡德尼亚修道院院长西塞布托(Don Sisebuto)正在做晨祷。熙德的妻子希梅纳和五位出身良好的侍女也在这里，他们共同祈求上帝和圣彼得帮助熙德。站在门口，熙德开口呼唤，修道院里的人马上听出了他的声音。天哪！西塞布托太开心了！大家举着火把和细蜡烛涌到院子里。感谢上帝，终于见到熙德了。熙德向西塞布托倾诉自己的遭遇，说自己是个被放逐的人。他留给西塞布托五十马克，留给希梅纳和孩子一百马克。他对西塞布托说："两个孩子就托付给您了，请照顾好我的妻子及其侍女。如果这些钱用完了，也请别亏待她们。您花在她们身上的每一马克，我都四倍奉还给修道院。"西塞布托请熙德放心。希梅纳抱着孩子走上前来，在熙德面前双膝跪下，说："看啊，现在你被作恶的人赶出了卡斯蒂尔，我和年幼的女儿还要留在这里。这一别可能终生不得见面了。看在圣母玛利亚的份上，告诉我，我们该怎么办？"熙德把女儿抱在怀里，泣不成声。他深爱着她们。他说："上帝和圣母玛利亚，请保佑我。我要活着，亲眼看着爱女出嫁，还要为我尊贵的妻子效劳。我的妻！我一直深爱着你，像爱自己的灵魂。”

那天，圣佩德罗德卡德尼亚修道院为熙德举行了盛大的宴会。这里的钟欢快地敲着。此时，熙德被驱逐的消息也传遍了卡斯蒂尔。听到这个消息后，人人悲戚。有人打算离家追随熙德，有人弃官奔他而来。那天，一百一十五名骑士慕名而来，聚集在阿兰松河边。就连马丁·安托利内斯(Martin Antolinez)也加入了。大家一起骑马前往圣佩德罗德卡德尼亚修道院。来自比瓦尔的熙德得知有一群勇士要投靠自己，对自己的魅力深感自豪。他骑马亲自出去迎接，很有礼貌地问候他们。他们亲吻了熙德的手。熙德对他们说：“我向上帝祈祷，总有一天我会好好报答你们。你们为我抛家舍业，我必加倍回报。”阿方索六世限期九天让熙德离境，现在已经过去六天了。如果三天之后，熙德还在阿方索六世的管辖范围内出现，即使拿出再多金银，他也在劫难逃。离境前一天，大伙儿一起开怀畅饮。夜幕降临，熙德把自己所有的东西按照每个人的身份分发下去。他叮嘱大家，必须在晨祷之后的弥撒时碰面，一大早就离开。鸡叫前，大家已经整装待发。西塞布托做了圣三一(Holy Trinity)的弥撒。仪式结束后，熙德一行马上离开圣佩德罗德卡德尼亚修道院，朝着战马走去。熙德拥抱了希梅纳和女儿，为她们祝福。这种离别就像将钉子从肉里活生生拔出来，他一边哭，一边一遍遍看着妻女。这时，阿尔瓦尔·法涅兹走过来说：“熙德，您的勇气去哪儿了？现在不是婆婆妈妈的时候。相信我们前面的路，这些悲伤终会化作欢乐。”

熙德率领众人为西班牙北部伊斯兰教国家中最有权势的萨拉戈萨埃米尔优素福·伊本·胡德服务。优素福·伊本·胡德高兴地接受了熙德一行。追随者比以往更忠于熙德，因为他能给大家带来丰厚的赖以谋生的战利品。熙德率领追随者突袭了阿拉贡，五天内劫掠了大片地区。基督教徒还没来得及敲响警报，他就和追随者绝尘而去。他率领追随者对抗巴塞罗那伯爵拉蒙·贝伦格尔二世(Berenguer Ramon II)，取得了决定性胜利。不久，他还和拉蒙·贝伦格尔二世成了盟友。他和追随者是如何在战场上取胜的，请看《熙德之歌》的记录。

佩罗·贝穆德斯(Pero Bermudez)忍不下去了。他握紧手里旗子喊道：“上帝保佑您，熙德，挑战者！我要把您的旗插到敌阵中心。您这个必须站在旗旁边的人，我看您怎么做。”他开始向前冲锋。熙德叫佩罗·贝穆德斯停下来，不想他出事。但佩罗·贝穆德斯回答说，要不惜一切代价往前冲。然后，他拍马而去，把熙德的旗带进了摩尔人庞大的队伍中间。摩尔人向他扑来，希望能赢得这面旗，开始从四面八方围攻他，一次次的重击打倒了他。然而，他的双臂坚不可摧，无法刺穿。因为他是一个英勇的人，一个强壮的好骑士。摩尔人无法击倒他，也

巴伦西亚城的塞拉诺门

不能把旗从他手中夺走。当熙德看到佩罗·贝穆德斯陷入险境时，命令自己人冲过去帮忙。随后，熙德和手下把盾牌护在胸前，放低长矛和旗，俯身纵马向前冲杀。他们有三百支长矛，每支都带着吊饰。第一次冲锋就杀了不少挡在前面的摩尔人。熙德吼道："消灭他们吧，骑士们，看在仁慈的份上！我是比瓦尔的熙德！"那一天，许多盾牌被刺穿，许多铠甲被撕烂，许多白旗被血染红，许多无主的战马在狂奔。摩尔人高呼"穆罕默德"，基督教徒呼唤"圣地亚哥"。杀声一片，号角震天，根本听不清边上人在说什么。熙德和手下救回了佩罗·贝穆德斯，骑马冲出摩尔人的队伍，边走边杀，原路退回，就这样杀了一千三百人。如果你想知道那天的勇士都有谁，我有责任告诉你，他们虽然已经离世，但不应被遗忘。那些自己做得好或希望上进的人也不会赞同这些人就这么被遗忘，因为如果这群英雄的光荣事迹没有人知道，英雄的榜样作用就无从谈起。首先是熙德，战场上的斗士，他稳坐在镀金的马鞍上，打仗打得很漂亮。还有阿尔瓦尔·法涅兹、布尔戈斯勇士马丁·安托利内斯、穆诺·古斯蒂奥斯(Muno Gustio)、统治蒙特马约尔(Montenayor)的马丁·穆尼奥斯(Martin Munoz)、阿尔瓦尔·阿尔瓦雷斯(Alvar Alvarez)、阿尔瓦尔·萨尔瓦多雷斯(Alvar Salvadores)、阿拉贡的勇士加林·加西亚(Galin Garcia)、熙德的侄子费利克斯·穆尼奥斯(Felex Munoz)。无论熙德走到哪里，摩尔人都会让出一条路，因为他毫不留情地把摩尔人都击倒在地。厮杀还在继续，阿尔瓦尔·法涅兹的马被摩尔人杀死了，他的长矛也断了。他挥舞着剑坚持战斗。熙德杀到一个骑着强壮的马的摩尔人长官跟前，用剑刺进其右臂下方，刺穿了其胸膛。熙德把马抢过来给了阿尔瓦尔·法涅兹，说："好伙伴呀！你就是我的右手。"

征服巴伦西亚是熙德军旅生涯中最值得浓墨重彩的一笔。由于政治上的麻烦，在萨拉戈萨埃米尔优素福·伊本·胡德的授意下，他成为巴伦西亚埃米尔优素福·穆塔曼·伊本·苏莱曼的保护者。他进入巴伦西亚时，巴伦西亚无人反对。

熙德到了巴伦西亚。优素福·穆塔曼·伊本·苏莱曼体面地接待了熙德。双方订立契约，前者每周给后者四千马拉维迪[1]银币。熙德的任务是让各个城堡臣服于巴伦西亚埃米尔——以前，各个城堡向巴伦西亚埃米尔缴纳多少保护费，也要向现任埃米尔等额缴纳。他还要保护优素福·穆塔曼·伊本·苏莱曼的安全。另外，他要把家安在巴伦西亚，把自己所有战利品都带到巴伦西亚变卖，把粮仓建在巴伦西亚。契约以书面形式确认，保证能有效约束双方。熙德打发手下人去见各个城堡的主人，命令他们向优素福·穆塔曼·伊本·苏莱曼交保护费。以前他们如何侍奉前任国王，现在就照样侍奉优素福·穆塔

① 马拉维迪，是11世纪至14世纪伊比利亚半岛上各种金币、银币的统称。——译者注

曼·伊本·苏莱曼。这些人都很听话，想要获得熙德的青睐。

凭借巴伦西亚的有利位置，熙德率领军队对抗邻国。他同德尼亚(Denia)和哈蒂瓦(Xativa)开战。战事持续了一个冬天，他重创对手，摧毁了一切，从奥里韦拉(Orihuela)到哈蒂瓦连堵墙都没剩下。所有战利品和俘虏都被拉到巴伦西亚卖掉。然而，在一次远征时，他曾一度失去巴伦西亚。1089年，阿方索六世重新收留了熙德，赐给他城堡，并下令所有战利品都归熙德。换句话说，阿方索六世承认熙德是一个几乎独立的封臣。然而，他很快就对自己这个强大的封臣起了疑心。他抓住熙德不在北方的机会，围攻了熙德特有的财产——巴伦西亚。听到消息后，熙德大发雷霆。作为报复，他将战火烧到阿方索六世的领土纳赫拉(Najera)和卡拉奥拉(Calahorra)，将洛格罗尼奥(Logroño)夷为平地。用古老的拉丁语著作《赫斯塔》中的话说，“他可怕而肆无忌惮地扫荡这片土地。这片土地上狼烟四起，财富被洗劫一空”。阿方索六世匆忙放弃了对巴伦西亚的围困，回师自卫。然而，熙德的目的已经达到，从另一条路折回，却发现巴伦西亚对自己关上了大门。

令人难忘的长达九个月的围困开始了。在此期间，巴伦西亚城中民众食不果腹，甚至连喝的水也没有。熙德率领铁石心肠的军队团团围住城墙。有些人饥渴难忍冲出城去，还有些人被当作累赘丢到城外。所有这些人被熙德的士兵屠杀或卖为奴隶。据不少摩尔历史学家记载，还有很多人被活活烧死。《熙德之歌》用悲哀的口吻写道：“当时巴伦西亚城中已无粮可买，人们一拨拨死去。在街上，有人走着走着就突然倒下，再也没能起来。”一位热爱着巴伦西亚的诗人写道：

巴伦西亚！巴伦西亚！灾难临头了，你若渡过此劫，凡见你者必以为奇。

如果神愿意庇佑人间，请施恩与你。因为你的名字意即喜乐。摩尔人的喜乐与你息息相关。

现在，如果神将你毁灭，皆因你的大罪，还有你的骄傲引发的狂妄。

如有可能，筑基其上的四块城角石会抱在一起，为你哀悼！

筑在四块角石上的坚固城墙颤抖着，快要倒了。

你那从远处一眼就能瞥见的壮丽塔楼，让人欢欣鼓舞。现在，正一点一点地坍塌。

你那在远处闪闪发光的白色城垛中，已没了阳光般闪耀的真容……

那条滋养你的、高贵的瓜达拉维亚尔河，连同其他诸多河流，现在都已经偏离河道，在不该流淌的地方流淌。

你的水曾是那么清澈，滋养众人。现在，却因无人清理被淤泥堵塞。

环绕你四周的美丽花园……贪婪的饿狼啃食着树根，枝头再无果实。

你那美丽的田野上开满漂亮的花，人们爱在那儿消遣，现在花都枯死了。

你那高贵的港口，曾给你带来巨大荣耀，现在也被剥夺了一切因你而有的尊贵气息。

大火毁了你称之为“女主人”的土地，滚滚浓烟笼罩着你。

你的病痛已无药可救，医生也束手无策。

巴伦西亚！巴伦西亚！诉说你的一切让我心碎。

如果世人没有知道的必要，我将独自拥抱这份悲伤，不会告诉他人。

1095年6月，巴伦西亚投降了。熙德重新站在巴伦西亚的塔楼和城墙上。他给巴伦西亚人开出苛刻的条件，把城中许多人打发到郊区，为卡斯蒂尔人腾出地方。在与巴伦西亚人打交道时，他只有态度严厉，才能避免大规模屠杀出现。大屠杀会让他的胜利沾上污点。巴伦西亚人财产损失很大，但性命无忧。巴伦西亚城中首领的命就保不住了。现在，熙德站在了权力巅峰，派人把妻女从圣佩德罗德卡德尼亚修道院接来。他摇身一变，成了巴伦西亚国王和周围小国的宗主，确立了自己这一永久地位。阿拉贡兼潘普洛纳国王佩德罗一世(Peter I of Aragon and Pamplona)恳求和熙德结盟。熙德向统治地区索要重税：巴伦西亚每年上缴十二万块黄金；阿尔巴拉辛领主每年上缴一万块黄金；阿尔普恩特(Alpuente)的继承人每年上缴一万块黄金；莫维多(Murviedro)的首领每年上缴六千块黄金等。熙德梦想重新征服整个安达卢西亚。他说：“一个罗德里戈丢掉了西班牙，另一个‘罗德里戈’将夺回它。”当阿尔摩拉维德人来挑战时，熙德打得他们落花流水。《熙德之歌》讲述了这样的故事：

暮色四合，黑夜来临。在公鸡打鸣时，熙德一伙聚集在圣佩德罗德卡德尼亚修道院，和主教希拉诺莫(Don Hieronymo)唱弥撒、忏悔、祈祷和赎罪。希拉诺莫宽厚地赦免了他们，说：“即将战死的人啊，战斗吧。我要为你们赎罪。上帝会拥抱你们的灵魂。谢天谢地，熙德，我今早给你唱了弥撒。让我在这场战斗中受点伤吧！”于是，熙德以上帝的名义给了希拉诺莫这个恩典。然后，他留下精兵守卫着大门。一切准备就绪，熙德一伙从“蛇门”出去了，因为摩尔人最强大的力量在那边。阿尔瓦尔·法涅兹及其队伍已经出发，埋伏好了。熙德带着三万九千九百七十名士兵出发，但敌人有五万。他们穿过所有狭小的地段和难走的隘口，在左边设伏，向右边进攻，以便把摩尔人挡在他们和镇子之间。熙德排好阵，让佩罗·贝穆德斯高举战旗。见到这样的场景，摩尔人十分震惊，急忙整顿人马，从帐篷里出来。熙德下令佩罗·贝穆德斯向前冲。希拉诺莫带着队伍向前冲去，伪装很成功，造成敌我难分的效果。战场上，万马奔腾，马鞍已滑至马腹，许多骑士负伤倒地，处境凶险。战斗带来巨大伤亡。摩尔人众多，给基督教徒带来了巨大的压力。基督教徒快撑不住了。熙德高喊，“上帝和圣地亚哥！”大声鼓励士兵。这时，阿尔瓦尔·法涅兹从埋伏点率兵冲出，在离海最近的一侧朝摩尔人扑去。摩尔人知道有一股强大的力量来营救熙德了。他们很沮丧，开始逃跑。熙德和部下紧追其后，狠狠地攻打摩尔人。想说完在这场战斗中每个人的表现是不可能的，因为人人表现得都很出色，壮举无法一一列举。熙德的战斗力超群，给摩尔人造成了巨大伤亡。血顺着他的手腕流到了手肘！那天，他骑着他的战马巴维卡(Bavieca)驰骋，非常高兴。追击途中，他冲到优素福王面前，连刺对方三次，还是让对方从剑下逃脱。因为巴维卡还在往前奔，等他掉转马头，优素福王已快马加鞭，害怕被追上，绝尘而去。优素福王躲进了一座叫基耶拉(Guyera)的城堡。基督教徒穷追不舍，没有给敌人任何喘息的机会。最后，五万摩尔人只逃出一万五千人。

然而，战事变化无常，熙德的军队最终被摩尔人打败。1099年7月，熙德郁郁而终。下属对其遗体进行了防腐处理，并在遗体旁守夜。根据诗人的记载，下属遵照熙德遗言，把他的遗体放在战马巴维卡上，系好马鞍。这样一来，熙德就坐直了，面容不变，眼神明亮而美丽，胡须垂到胸前，手里握着他那把值得信赖的名剑提泽纳(Tizona)。没人能看出他已经死了。下属牵着巴维卡走出巴伦西亚。佩罗·贝穆德斯在前面举着熙德的战旗，五百名骑士在左右守卫。在护卫的保护下，希梅纳紧随其后。从围攻的摩尔人中，他们慢慢辟出一条路，踏上了通往卡斯蒂尔的道路。因为不知道熙德已死，摩尔人对这群人奇特的出城方式惊讶万分。熙德的遗体被安放在圣佩德罗德卡德尼亚修道院祭坛旁边的一把象牙椅上。熙德头顶上撑着华盖，华盖上装饰着各色徽章。这些徽章出自卡斯蒂尔、莱昂、纳瓦拉、阿拉贡，还有一些徽章是他自己的。他的遗体笔直地坐在象牙椅上，面容仍然高贵圣洁。死亡的迹象慢慢浮现，于是，人们把他埋葬在圣佩德罗德卡德尼亚修道院祭坛前。希梅纳的遗体已经安放在那里了。熙德静静地待在墓穴里，仍然直身坐在象牙椅上，穿着华贵长袍，手握名剑提泽纳，看起来依然是那个勇猛的熙德。他那凹痕累累的盾牌和胜利的旗帜插在墓穴周围，看起来格外苍凉、悲壮。

圣佩德罗德卡德尼亚修道院的熙德墓

第十二章

格拉纳达酋长国

The Kingdom of Granada

有熙德这样的勇士，有莱昂国王斐迪南一世和莱昂兼卡斯蒂尔国王阿方索六世这样的国王，基督教徒收复西班牙只是时间问题。任何一个国家都有自己的成长期、繁荣期和衰落期。原本繁荣的希腊没落了，罗马也没落了。正如世界上已知的每一个国家都曾经历崛起、鼎盛和衰落那样，西班牙的摩尔人也没落了，摩尔人的“谢幕”近在咫尺。在被阿尔摩拉维德人吞并领土前，摩尔人一直处于分裂和混乱状态。当占领西班牙的柏柏尔人被驱逐时，分裂和混乱的情况并未好转。阿尔摩拉维德人刚“下场”，一个新的敌人就登场了。阿尔摩哈德人，或狂热的“一神论者”，推翻了阿尔摩拉维德人在非洲的政权，他们决定效仿阿尔摩拉维德人，将安达卢西亚纳入自己的统治范围。摩尔人统治下的各个王国长期不和，领土支离破碎，这降低了阿尔摩哈德人兼并安达卢西亚的难度。1145年，阿尔摩哈德人占领了阿尔赫西拉斯。1146年，他们又占领了塞维利亚和马拉加。在接下来的四年中，他们逐步统一了科尔多瓦和西班牙南部的其他地区。的确，一些国家有过短暂的抵抗，但阿尔摩哈德人太过强大，这些国家可以说是螳臂当车，不自量力。

然而，阿尔摩哈德人不打算让安达卢西亚成为自己的政治中心，而是想在非洲操纵安达卢西亚，因此，他们对西班牙的控制很弱。混乱的安达卢西亚各个小王国想被守住也不容易。摩洛哥派来的援军让安达卢西亚的统治者很满意，因为摩

阿尔罕布拉宫全景，1862 年

洛哥援军偶尔出征还能击退基督教徒的攻击，如果积极备战，通常可以战胜基督教徒。1195年，在巴达霍斯附近的阿拉科斯(Alarcos)，阿尔摩哈德人大胜基督教徒。成千上万的基督教徒命丧阿拉科斯，大量战利品落入狂热的阿尔摩哈德人手中。但在1212年，战争的天平倾向了基督教徒。灾难性的拉斯纳瓦斯德托洛萨战役(Battle of Las Navas de Tolosa)决定了阿尔摩哈德人的命运。阿尔摩哈德人六十万大军近乎全军覆没。少数活着的人向世人讲述了那场杀戮。一座又一座城市落入基督教徒手中。非洲来的阿尔摩哈德人，在自己国内也不太平。外来者之间的家族纠纷和敌对势力在非洲的袭击，使安达卢西亚各地对外国主人断断续续的统治变得不耐烦。1235年，西班牙人将阿尔摩哈德人赶出了伊比利亚半岛。

撒拉逊酋长伊本·胡德(Ibn Hūd)控制了西班牙南方的大部分地区，甚至成了非洲休达的主人。1238年，伊本·胡德去世。安达卢西亚的统治权移交给了贝尼–纳斯尔(Beny-Nasr)[①]。

格拉纳达酋长国是摩尔人在西班牙的最后堡垒。现在，留给摩尔人的土地不多了。1238年到1260年，卡斯蒂尔国王斐迪南三世(Ferdinand III of Castile)和阿拉贡国王詹姆斯一世(James I of Aragon)征服了巴伦西亚、科尔多瓦、塞维利亚和穆尔西亚。摩尔人的统治被限制在19世纪下半叶的格拉纳达省，从阿尔梅

---

① 后成为格拉纳达酋长国苏丹，称穆罕默德一世。——译者注

里亚和直布罗陀之间的海岸线，一直延伸到内华达山脉(Sierra Nevada)。摩尔人的统治注定要在这片土地上再坚持两个半世纪。尽管四面八方都被包围，他们还是获得了士兵的拥护。被征服城市的民众，被征服的伊斯兰教国家中的勇士，都投奔而来，成为仅剩的摩尔人统治者手中的利剑。据记载，有五万摩尔人从巴伦西亚逃到格拉纳达酋长国，还有三十万人从塞维利亚、塞雷斯和加的斯逃难至此。然而，格拉纳达酋长国最终成了卡斯蒂尔王国的附属国。纳斯尔王朝①的创始人是一个叫本尼·纳斯尔的撒拉逊人，阿拉伯名叫伊本·艾哈迈尔(Ibn al-Ahmar)。他因光滑的皮肤和茂盛的头发而被称为“红人”，是一个充满活力的统治者。整个西班牙几乎都落入基督教徒手中，伊本·艾哈迈尔也挡不住基督教徒的侵扰。他向斐迪南三世及其子——后来的卡斯蒂尔国王阿方索十世称臣纳贡。他曾多次努力试图摆脱这种状况。他称臣纳贡后，基督教徒基本上不再理会格拉纳达酋长国及其周边领土，而是忙于巩固已到手的大片土地，消灭当地的觊觎者。摩尔人时不时地向基督教邻居开战，但最终被打败。1463年，格拉纳达酋长国苏丹穆罕默德十世(Muhammad X)呈上一万两千个金币作为和平条件的贡品。两个世纪里，摩尔人的领地几乎没再减少。直布罗陀海峡丢了，赢回

① 纳斯尔王朝是伊比利亚半岛最后一个穆斯林王朝，从1238年到1492年统治格拉纳达酋长国。——译者注

来，又丢了。西班牙其他地方已经并入基督教领土，特别是阿尔赫西拉斯。在西班牙，伊斯兰教的领土面积基本维持在15世纪的四分之三，和13世纪上半叶的情况相同。

在这段相对平静的日子里，格拉纳达取代科尔多瓦成为艺术和科学之都。格拉纳达的建筑师在欧洲极负盛名，建造了令人叹为观止的“红宫”——阿尔罕布拉宫(Alhambra)。阿尔罕布拉宫因土壤的颜色是红色而得名“红宫”。格拉纳达的建筑师依照撒拉逊式的风格打造阿尔罕布拉宫，用华丽的金饰装饰它，使阿尔罕布拉宫成为艺术界的奇迹。格拉纳达城及其城内的两座城堡是无价之宝。格拉纳达城坐落在富饶的“织女星(Vega)”平原，在积雪的“内华达山脉”脚下。从城市高处，尤其是站在阿尔罕布拉宫远眺，可以看到美丽的织女星平原、溪流、葡萄园和橘子林。阿尔罕布拉宫像雅典卫城(Acropolis of Athens)守护着织女星平原。在安达卢西亚各个城市中，格拉纳达城气候条件良好，有从雪山吹来的微风，即使是炎热的夏天，也不会让人太难熬，这里的土地也相当肥沃。

摩尔人将著名的阿尔罕布拉宫建在一个被峡谷环绕的平地上，峡谷的溪流是从北边流过的达罗河(Darro)。阿尔罕布拉宫是由坚固的石墙围起来的，石墙上抹着灰泥，间隔修建的塔楼使阿尔罕布拉宫易守难攻，外敌很难侵入。从俯视的角度来看，石墙围起来的空间呈披针形的叶子形状，东西最长约半英里。

想要进入阿尔罕布拉宫，参观者需通过一座巨大的橙红

格拉纳达国王的盾牌

色的塔楼。“正义之门”是必经之路，哈里发们端坐其下，好似精于审判和判决的希伯来人法官。人行道上方二十英尺高的地方，马蹄形拱门上有两块石头，上面刻着一把神秘的钥匙和一只巨大的手。进入城墙内，眼前是一个广场，广场一侧是西班牙国王卡洛斯一世时期建造的一座未完工的宫殿。现在，沿着走廊穿过“卡洛斯一世宫”的一角就能进入阿尔罕布拉宫。参观者由此进入“桃金娘宫(Court of Myrtles)”。桃金娘宫得名于边上茂密的灌木丛。穿过一条狭窄的通道，一个一百四十英尺长、七十英尺宽的院子近在眼前。院子里洒满阳光，一个长长的水池占了大半个院子，可爱的金鱼在里面欢快嬉戏。院子两侧和两头是柱子和画廊。北面是科马雷斯(Comares)大方塔。庭院深深，独享一方宁静。水轻轻地流入宽敞的水池，几乎听不到潺潺流水声，激不起一点涟漪。金鱼成群结队，在灿烂的阳光下被照得闪闪发光。在这里，没有一点尘世的喧闹。

万籁俱寂，没有冰冷乏味的毁灭和死亡之气，我们似乎可以感受到宫殿、庭院的前主人的心境。穿过巴萨(Barca)，即船形前厅(boat-shaped antechamber)，来到大使厅(Hall of Ambassadors)，我们可以想象一下后伍麦叶家族的哈里发坐在宝座上，抬头凝视着高耸的圆顶，环顾这座规模宏伟的建筑，一点点欣赏那些奖章、优美的撒拉逊铭文和墙壁上的精美石膏图案。还有那阳台，那白色、蓝色、金色的飞檐和天花板；用圆形、王冠、星星形状的图案模拟出天堂的场景。我们驻足窗前，眺望达罗河，回想五百年前[1]阿以莎(Ayesha)是如何用篮子将穆罕默德十二世从这儿送下去的。回想卡洛斯一世对不幸的摩尔人的评价——失去这一切的人太悲惨了！还有美洲的发现者克里斯托弗·哥伦布向我们走来。如传统记载的那样，克里斯托弗·哥伦布在这个地方恳求仁慈的伊莎贝拉一世允许自己在她的王冠上再添一颗宝石——新大陆。沿着曲折狭窄的楼梯爬上塔楼，美丽的女士和英勇的王子曾经也这样走过。他们或许曾经急匆匆走向高耸的城垛，观望逼近的某支军队，或许焦急地研究织女星平原上的战斗进展。我们的眼睛在开阔的土地上搜寻着皮诺斯(Pinos)。摩尔人和基督教徒曾不止一次争夺皮诺斯的控制权。就是在皮诺斯，伊莎贝拉一世的信使追上了绝望的克里斯托弗·哥伦布，向他传达了伊莎贝拉一世的召回令。当时，克里斯托弗·哥伦布正实行自己大胆的计划，举步维艰地赶往他方，想到更仁慈的君主那里。只有正统流传下来的才可信，我们不在乎这一点。传统和浪漫是阿尔罕布拉宫魅力的一部分。

穿行在建筑错综复杂的阿尔罕布拉宫中，我们无意间进入了科尔多瓦的苏布的闺房。从科尔多瓦的苏布闺房的窗子可以俯瞰织女星平原，将织女星平原的美丽尽收眼底。当看到闺房门口处白色大理石地板上的小孔时，昔日的奢华场景浮现眼前。据说，地板下焚着香，香味顺着小孔飘入科尔多瓦的苏布

---

① 从成书时期算，约为1492年或1493年。——译者注

的房间，空气中弥漫着香甜的气味。我们俯瞰琳达拉哈(Lindaraja)花园。当年，华盛顿·欧文居住在阿尔罕布拉宫时，也这样遥看过琳达拉哈花园。阿尔罕布拉宫因华盛顿·欧文的描述而闻名于世。琳达拉哈花园本身没什么特别之处，无太多开垦的痕迹。但它附近有苏丹的浴池，浴池装饰着精致的丝质品、复杂的窗花和绚丽的镶嵌图案。那里有喷泉，泉水潺潺而下，仿佛在回应阳台上乐师们的演奏。与此同时，后宫的女士躺在浴池里享受或者躺在金色的布上休憩。每个浴缸都由整块白色大理石雕琢而成，放在拱形房间里。通过星星和玫瑰花状的透雕灯具，灯光照亮了整个拱形房间。

也许在阿尔罕布拉宫中，最著名的建筑是狮子殿(Court of Lions)。狮子殿占地面积比桃金娘宫略小。狮子殿有一百二十八根白色大理石柱子，大理石柱子三四根一组对称排开，支撑着不是很高的走廊。白色大理石柱子的顶端刻有各种各样精致高雅的图案。狮子殿有精美的窗棂、残存的金饰或彩饰、凸起的橘色穹顶、高耸的尖塔、无数的拱门、用雪花石膏修筑的蓄水池。狮子殿还有一个水池。清凉的水曾从十二只神色威严怪异的狮子雕像嘴里喷入池中。现在，水池空荡荡的。狮子殿满足了人们对诗歌中描绘的极致奢侈的全部想象。

穿过美丽的狮子殿，走过一扇饰有稀有图案的门，我们走进了阿文莎拉赫厅(Hall of the Abencerrages)。这个名字源于一个传说。据说，在阿文莎拉赫厅，穆罕默德十二世下令斩首阿文莎

阿尔罕布拉宫的狮子殿

拉赫家族的首领。19世纪下半叶的游客仍可以看到石头地板上星星点点的痕迹，据说鲜血曾喷溅于此。柔和的光线透过星形钟乳石屋顶的十六扇通风窗照射进来，照亮了天蓝色和红色的拱门。这一切似乎都和大屠杀格格不入。如果不是历史存有记载，怀有仁慈之心的人会怀疑穆罕默德十二世是否真的在这里进行过大屠杀。

时间不允许我们游览完整个阿尔罕布拉宫的所有宫殿和大厅。现在要穿过洛斯莫利诺斯峡谷(Los Molinos)，到达赫内拉利费宫(Generalife)，即“建筑师花园”。走道边长满了无花果、开心果、月桂和玫瑰。赫内拉利费宫是阿尔罕布拉宫的“乡村别墅”。就外观而言，赫内拉利费宫是简约的东方结构，没有窗户的墙壁、露台、走廊、拱廊，一切都破败不堪。精致的撒拉逊花饰上有一层厚厚的白色涂料。精美的雕塑不见踪影，赫内拉利费宫的美丽早已逝去。美丽的花园和流水保存了下来，一条湍急的溪流从一个人造的大理石水渠流过。水渠两岸被许多拱廊和奇形怪状的紫杉环绕，柏树和橘树映在水面上。水柱、喷泉、湍急的溪流、静谧的池塘，依偎在古老海湾下的小盆地，潺潺的小溪及折射着蔚蓝天空的蜿蜒水道，交织着高超的技艺，让此处成了人间仙境。

华盛顿·欧文说：“赫内拉利费宫有可以取悦南方享乐者的一切——美味的水果、芳香的鲜花、绿色的乔木、桃金娘树篱、清新的空气和喷涌而出的水流。在这里，我有机会目睹画

格拉纳达的赫内拉利费宫的花园

家们喜欢描绘的南方宫殿和园林景致。那天是托雷帕尔马伯爵女儿的圣日(saint's day)。她从格拉纳达带来了几个年轻的同伴，在微风习习的摩尔宫大厅和树荫里消磨漫长的夏日。上午的消遣是参观赫内拉利费宫。托雷帕尔马伯爵女儿的几个快乐的同伴三三两两地聚在绿色的人行道、明亮的喷泉、意大利台阶、高贵的露台和大理石栏杆周围。其他人，包括我，挑一处敞亮的楼座或柱廊坐下，视野开阔。炎炎夏日中，阿尔罕布拉宫，尽收眼底的远处的城市、织女星平原、遥远的山脉地平线都闪闪发光，构成了一个梦幻般的世界。坐听风起，吉他的叮咚声和脚踏板的咔咔声悄悄地从达罗河峡谷传来。下山时走到半山腰，我邂逅了一场树下喜庆聚会。有人躺在草地上，有人随音乐翩翩起舞。这种自娱自乐洋溢着真正的安达卢西亚风格。”

废弃的赫内拉利费宫也许是欣赏阿尔罕布拉宫的最佳视角。从这里望去，可以看到阿尔罕布拉宫毁了一半的红色城墙。内华达山脉的白色山脊成了这幅美景的壮丽背景，衬托出未完工的“卡洛斯一世宫”的厚重。

格拉纳达紧邻一个强大的基督教国家。两个世纪的繁荣是摩尔人能得到的最好结果了。15世纪的后二十五年，摩尔人的丧钟即将敲响。阿拉贡国王斐迪南二世和卡斯蒂尔女王伊莎贝拉一世联姻后，阿拉贡王国和卡斯蒂尔王国合并。摩尔人的厄运即将到来。两位雄心勃勃的君主不可能长久地给摩尔人留下一片安稳之地。穆莱·阿里(Muley Aly)，通常被称为阿布尔·哈桑(Abu-l-Hasan)[①]，脾气火爆，天性好战，决心先于斐迪南二世和伊莎贝拉一世发动战争。他拒绝按惯例向斐迪南二世和伊莎贝拉一世纳贡。当斐迪南二世的大使来催缴贡品时，阿布尔·哈桑回答："告诉你的君主，向他进贡的格拉纳达苏丹已经死了。我们的铸币厂现在只造利剑！"为了进一步表明自己的态度，他率军突袭基督教徒的领地，萨阿拉(Zahara)成为进攻目标。才华横溢的美国作家华盛顿·欧文以自己雄辩的风格讲述了摩尔人最后几次战役。在此，我们参照华盛顿·欧文对进攻萨阿拉的记述。

1481年，最受重视的圣诞节(Nativity)刚过一两天。夜深了，萨阿拉人沉浸在睡梦中，哨兵离开了哨位，躲避连续肆虐三个晚上的暴风雨。此时，敌人来袭的可能性很小。但在暴风雨中，恶魔更恣意妄为。半夜，萨阿拉的城内突然开始喧哗，喧哗声比肆虐的暴风雨更可怕。"摩尔人！摩尔人！"一声声可怕的惊叫响彻大街小巷。惊叫声中夹杂着武器相撞的乒乓声、痛苦的尖叫声和胜利的呐喊声。在暴风雨的掩护下，阿布尔·哈桑率领一支强大的军队，悄无声息地穿过了群山，从格拉纳达匆匆杀进萨阿拉。暴风雨使哨兵无法继续站岗放哨。塔楼和城垛也笼罩在雨幕中。这时，摩尔人已经竖起了梯子，

① 西班牙人将"Abu-l-Hasan"称作"Alboacen"，许多英国作家则称其为"Aben Hasan"。——原注

稳稳地翻进小镇和城堡。萨阿拉驻军对危险一无所知，直到城内爆发了战斗和大屠杀。在受惊的居民看来，摩尔人就像从天而降的恶魔。这些恶魔插上翅膀，占领了高塔和塔楼。战斗从四面八方打响。城堡的城垛上、镇上的街道上，呼喊声一片。黑暗中，摩尔人在约定好的信号指挥下协同行动，到处都是摩尔人。萨阿拉士兵从睡梦中惊醒，在冲出营房时遭到截杀。即使逃脱了，他们也不晓得在哪里集合，从哪里反攻。所有试图抵抗的人都倒在刀刃之下。不一会儿，战斗结束了。没被杀掉的萨阿拉人躲在家里或投降后成为俘虏。兵戈声停了，暴风雨还在咆哮，夹杂着摩尔人士兵四处搜寻战利品的呼喊声。当萨阿拉人战战兢兢时，喇叭声响彻街头，命令所有人放下武器，前往广场集合。在广场，萨阿拉人被摩尔人士兵包围，严密看守，直到天亮。黎明来了，这个曾经繁荣的街道昨天还平静如常，现在却深陷暴风雨中。萨阿拉人不分年龄、等级、性别挤在一起，几乎衣不蔽体。多么可悲啊！凶猛的阿布尔·哈桑对所有抗议充耳不闻，下令将俘虏带往格拉纳达。在萨阿拉的城镇和城堡中，他留下了一支强大的驻军，命令驻军必须时刻处于防御状态。之后，满面红光的阿布尔·哈桑班师回朝，满载战利品，第一个进入格拉纳达城门。队伍上空飘扬着从萨阿拉夺取的旗帜。得意扬扬的士兵走进格拉纳达。为了庆祝这次胜利，格拉纳达人着手准备骑马比赛和其他庆祝活动。这时，萨阿拉的俘虏也到了——一群可怜的成年男女还有儿童。俘虏疲惫不堪，脸色憔悴，十分绝望，被一小队摩尔人士兵像赶牛一样赶进了格拉纳达。

格拉纳达的文明人对阿布尔·哈桑的残暴感到震惊，觉得末日即将降临。“格拉纳达倒霉了！”他们哭着说，“大厦将倾，萨阿拉的命运将在我们自己身上重演！”

对阿布尔·哈桑的报复很快来了。令人敬畏的加的斯侯爵罗德里戈·德·莱昂(Rodrigo Ponce de Leon)出其不意地占领了阿哈玛城堡(Alhama)，在距离格拉纳达不远的摩尔人领地中心驻扎了一支基督教军队。阿布尔·哈桑想夺回阿哈玛城堡，但阿哈玛城堡内的基督教徒英勇抵抗，一直坚守到援军赶来。“我的阿哈玛真不幸！”这样的呼声在格拉纳达回响。“阿哈玛城堡陷落了，格拉纳达的钥匙落到了异教徒手中！”乔治·戈登·拜伦(George Gordon Byron)有首耳熟能详但误译的哀伤民谣：

摩尔统治者骑着马徘徊而行，
穿过格拉纳达的皇家小镇，
从埃尔维拉的大门到比瓦朗布拉。
阿哈玛城堡真不幸!

阿哈玛城堡的失陷成了摩尔人统治者的肉中刺。此后，勇敢的腾迪利亚伯爵米尼戈·伊奎诺斯(Íñigo Quiñones)不断骚扰织女星平原，给织女星平原造成了巨大破坏。“看到虔诚的骑士和追随者从圣战中归来，让异教徒的富庶土地狼烟滚滚，荒凉一片，”华盛顿·欧文虚构的耶稣会士[①]说，“长长的骡子和驴子队伍满载着从外邦人那儿得来的战利品。后面跟着摩尔人俘虏，有男有女还有孩子。后面还有成群的健壮公牛、哞哞叫的母牛和咩咩叫的绵羊。真是一个令人愉快、振奋无比的场面。沿着通往阿哈玛城堡大门的陡峭斜坡，所有人携带着东西蜿蜒而上，周围是看守严密的基督教士兵……夜里，郊区火光冲天，冒出的滚滚黑烟，夹杂着可怕的火焰。对着一片狼藉的家园，城墙上的妇女双手紧握，尖叫不已。这真是恐怖的景象。”

穆斯林和基督教徒都被对方的行径激怒了，不停发动突袭。除了大规模的破坏和难以抑制的愤怒，突袭并没有取得什么结果。最后，基督教徒发起了一场更大规模的袭击，决定入侵马拉加省。在卡迪斯侯爵和其他著名勇士的带领下，基督教徒集结南方军队，发起了一场带来严重后果的进军。

---

① 华盛顿·欧文谈到自己的《征服格拉纳达》时说：“在创作时，我虚构了作者弗雷·安东尼奥·阿加皮达。他是一个西班牙修士，是狂热者的化身。每次运动中狂热者都徘徊在君主周围。修道院的偏执破坏了骑士精神。他们用狂喜的笔调记录下对摩尔人的每次不宽恕行为。”——原注

那是一个星期三，勇士大军从安特克拉(Antequera)的古老城门出发。他们日夜赶路，穿过隘口，按照计划没有暴露踪迹。由于打算掠夺的那片土地在摩尔人国土的腹地，靠近地中海海岸，直到第二天晚些时候，他们才赶到那里。要穿过险恶高耸的山脉，就要沿着峡谷底部行军。峡谷的谷底有一条小溪蜿蜒流过，水底有秋天水势迅猛时卷落的石块。有时，他们可走之路只是一条干涸的沟壑，沟壑布满碎石。这些峡谷和沟壑成了绝佳的伏击地。后来，这些地方成了劫匪最喜欢出没的地方。劫匪在此打劫不幸的旅客。

太阳落山时，勇士大军来到了山上的一块高地，向右边远眺隐隐约约能看见马拉加美丽的织女星平原，远处是蔚蓝的地中海。目的地近在眼前，这让他们欢欣鼓舞。暮色四合时，他们到达了与小山谷相连的小村庄。这些小村庄分布在岩石丛生的高地之间，被摩尔人称为阿萨尔基亚(Axarquia)。在这里，原本自信满满的勇士大军注定会遭遇第一次失望。听说基督教徒来了，村民赶紧转移牲畜和财物，带着老婆孩子躲到了山上的塔楼和堡垒。

希望落空，士兵们无比愤怒，放火烧了空荡荡的房子后继续向前推进，希望在行进中能有好运气。阿隆索·德·阿吉拉尔(Alonzo de Aguilar)和前锋部队中的骑士分散开，捣毁这些小村庄。他们无意间遇到了几个牛群，几个摩尔人正把牛群赶往安全地带。

阿隆索·德·阿吉拉尔和前锋部队靠着火和剑开路，一路劫掠而来。燃烧的小村庄照亮了整个山崖。这时，带着后军的圣地亚哥(Santiago)军队秩序井然。圣地亚哥军队的首领命令骑士排兵布阵，随时准备迎敌。神圣兄弟会的士兵想要到处看看，搜罗战利品，但被圣地亚哥军队的首领叫了回来，狠狠训了一顿。

最后，圣地亚哥军队来到一处山中险地。此处遍布深沟浅壑，周围是悬崖峭壁，难以维持行军秩序。马没有办法行动，也很难被驾驭，不得不从一块石头爬到另一块石头。士兵只能沿着可怕的斜坡上下攀爬，斜坡上几乎连只山羊都无法立足。路过一个燃烧着的村庄时，借着火光，圣地亚哥军队看清了自己的困境。避难的摩尔人躲在高处的一座瞭望塔里，俯视着这些身穿闪耀铠甲的士兵在岩石间挣扎，跌跌撞撞地走着。摩尔人兴奋得大喊大叫，从瞭望塔里一涌而出，占领了峡谷上的悬崖峭壁，举起飞镖和石块向敌人狠狠砸去。

危急关头，圣地亚哥军队的首领急派使者去搬救兵。卡迪斯侯爵像一位忠诚的战友，带着骑兵赶来解围。援军阻止了摩尔人的进攻。圣地亚哥军队的首领终于将队伍从山中狭径中解救了出来……

向导奉命为圣地亚哥军队带路，离开险遭屠杀之地。他想带领大家走一条最安全的路，于是选了一条陡峭的石头小径。对步兵来说，这条小路都很难通行，更何况骑兵。小路在峭壁上，石头和利箭从圣地亚哥士兵头顶倾泻而下，伴随着尖叫声，连最勇敢的人都吓得心惊胆战。有些地方一次只能通过一人，经常连人带马被摩尔人的飞镖刺中。被刺中的人垂死挣扎，阻碍了其他士兵前进。预警火把照亮了周围的悬崖，每处悬崖峭壁上都出现了火光。在火光中，圣地亚哥军队看到摩尔人在岩石间跳来跳去，看起来像是恶魔。可能是因为恐惧慌乱或者对这个地方真的一无所知，向导没有把圣地亚哥军队带出山，而是带进了绝境。破晓时分，圣地亚哥军队还困在大山中。谷底满是碎石，山洪从这儿流过，上方是悬崖。裹着头巾的摩尔人在崖顶随处可见，他们看起来凶猛无比，士气高涨。

一整天，圣地亚哥军队都在试图从大山中脱身。前一天晚上，摩尔人在高地上点燃了报警火堆，现在从那些地方升起一股股烟柱。山地人从四面八方赶来，蜂拥而上，堵住每一个关口。山地人赶在圣地亚哥军队的前面，驻扎在悬崖上，像驻扎在塔楼和城垛一样防卫着圣地亚哥军队。

夜幕再次降临，圣地亚哥军队被堵在狭窄的山谷里。一条很深的小河横穿而过，周围是悬崖。预警火把在崖顶熊熊燃烧。突然，山谷里响起新的呐喊声。“扎加尔(Zaghal)！扎加尔”在悬崖间回荡。“那是什么叫声？”圣地亚哥军队的首领问。一位卡斯蒂尔老兵回答：“这是摩尔人将军扎加尔宣战的呐喊声，他一定是和马拉加的军队一起来了。”

可敬的圣地亚哥军队首领转身对着士兵说：“让我们战死吧！既然不能用剑杀出一条路，那就用心开路。让我们攀上高山，勇敢地献出生命。我们不能乖乖地待在这儿等着被屠杀。”

说着，圣地亚哥军队的首领掉转马头背对山体，借力跳上坚硬的岩面。骑兵和步兵纷纷效仿。他们下定决心，即使逃不掉，也要给敌人致命一击。他们挣扎着爬向崖顶时，摩尔人的飞镖和石块像雨点般袭来。有时，一块碎石弹跳着轰隆隆滚下来，从队伍中间滚过去。步兵因疲劳和饥饿而头晕眼花，或因伤致瘸，抓着战马的尾巴和鬃毛借力往上爬。在松散的石头中，战马很容易失足或受伤，从陡峭的斜坡上滚下来。战马、骑兵和步兵在岩石间滚来滚去，最后在山谷里摔死。在这场绝望的战斗中，圣地亚哥军队的旗手阿尔费雷斯(Alferez)丢了战旗，也失去了很多亲人和挚友。终于，圣地亚哥军队成功登上崖顶，但陷入了新的困境——面前怪石嶙峋，山丘崎岖，残忍的摩尔人环伺周围。既没有旗帜，也没有号角来集结军队。圣地亚哥士兵四散逃命，都想从悬崖和摩尔人的飞镖中逃脱。当虔诚的圣地亚哥军队首领看着英勇的士兵遗体散落一地时，难掩悲恸，喊道：“哦，上帝！您今天向您的仆人大发雷霆！使这些懦弱的异教徒在绝望中变得异常英勇，让农民和乡下人战胜了全副武装的士兵！”

圣地亚哥军队的首领本想和步兵一起留下，共同迎敌。但周围人恳求说保住他的命胜于一切，留下来也是送死，逃走才有可能向摩尔人复仇。他勉强同意，大喊：“耶和华啊！我为逃避您的怒气而去，不是为了逃避这些异教徒。他们不过是您

阿尔罕布拉宫的一扇窗

手中的工具，用来惩罚我们！”说着，他派出向导，用马刺猛刺坐骑，在摩尔人拦住自己前冲过了一条山中狭径。他加快了速度，手下的军队也四散开来。一些人努力追随他的脚步，却迷失在茫茫大山中。圣地亚哥士兵四处逃窜，许多人或坠崖而亡，或被摩尔人杀害，或成为俘虏。

基督教徒不会太快遗忘马拉加群山中的恐怖场面。复仇的火焰在燃烧。穆罕默德十二世也可称作“Boabdil”或“Abu-Abdallah”。他将父亲阿布尔·哈桑赶下台，开始大举突袭基督教徒领地。这时，复仇的机会来了。穆罕默德十二世在夜间秘密行军，不久就暴露了。山顶上的烽火熊熊燃烧，唤醒了卡布拉伯爵(Count of Cabra)。他拉响警报，召集当地的首领，袭击了卢塞纳(Lucena)附近的摩尔人。在树林的掩护下，卡布拉伯爵巧妙展开进攻，摩尔人只得转身而去。“记住马拉加群山！”这是不祥的呐喊。基督教骑士用马刺猛刺战马，疯狂追杀摩尔人，边追边喊“圣詹姆斯”，勇敢地冲向摩尔人。摩尔人的撤退变成了大溃逃。当摩尔人终于进入格拉纳达的城门时，哀叹响彻了整个城市：“美丽的格拉纳达，你的荣耀怎么褪色了！你骑士精神的花朵卑微地盛开在陌生人的土地上；比瓦朗布拉街上再也不会回荡骏马的嗒嗒蹄声和号角声；城中年轻的贵族不再挤满街道，不再盛装出行来观赏格斗和比赛。美丽的格拉纳达！鲁特琴柔和的音符不再飘荡在月光笼罩的街道上；在阳台再也听不到小夜曲；山丘上再也听不到明快的响板声；凉亭下再也看不到桑布拉(Zambra)优美的舞蹈。美丽的格拉纳达！为什么阿尔罕布拉宫如此孤寂荒凉？橘树和桃金娘的香气依然源源不断飘进丝绸装饰的房间；夜莺依然在小树林里歌唱；喷泉的砰砰声和清澈的溪流仍然让宫殿中的大理石厅堂焕然一新！唉！那些大厅里再也看不到苏丹熠熠生辉的面庞。阿尔罕布拉宫之光永不熄灭！”

事实上，现在的穆罕默德十二世已经被囚禁了，正坐着囚车去往科尔多瓦。斐迪南二世率军蹂躏了织女星平原。阿布尔·哈桑回到了自己的王国，躲在结实的城墙后面咬牙切齿，无能为力地发泄着心头怒火。

第十三章

格拉纳达陷落

The Fall of Granada

格拉纳达酋长国的穆罕默德十二世被斐迪南二世俘虏，给了摩尔人政权致命一击。对摩尔人来说，失去穆罕默德十二世仅是大灾难中最微不足道的。在战场上，穆罕默德十二世可以展露出摩尔人真正的胆色，但实际上他却是个优柔寡断之人，时运不济的想法一直萦绕在他心头。他被称为“佐格比(Zogoiby)”，意即“不幸者”。他一直哀叹自己的霉运，认为天命难违。每次反败为胜后，他都会惊呼：“事实上，命运之书已经写好了我的不幸，国家要断送在我手里！”他并无大恶，但当他被攥在聪明的对手掌心时，就会成为一张王牌，杀伤力巨大。从事后来看，摩尔人政权倒台原因很多，但穆罕默德十二世臣服于阿拉贡国王斐迪南二世是一个重要原因。在科尔多瓦，信奉基督教的斐迪南二世隆重地接待了穆罕默德十二世，循循善诱地给他分析形势，说他举步维艰，基督教徒却节节胜利，诱使他成为基督教王国的工具。

完全掌控了穆罕默德十二世后，精于政治的斐迪南二世和伊莎贝拉一世就让他回到了格拉纳达。这时，穆罕默德十二世的父亲阿布尔·哈桑重新把持了阿尔罕布拉宫。在老部下阿尔贝辛(Albaycin)的支持下，穆罕默德十二世拿下了一条通道，夺取了阿卡萨巴碉堡，并以此为据点与阿尔罕布拉宫里的父亲作战。阿布尔·哈桑后宫女人间的争斗也加剧了局势动荡。索拉亚(Zoraya)是基督教徒，阿布尔·哈桑对她的宠爱远超他人。对此，穆罕默德十二世的母亲阿以莎嫉妒不已。索拉亚和阿以莎在朝中都有支持者，引发了两股力量的对抗：一方是阿拉贡的柏柏尔部族泽格里斯人(Zegris)，支持阿以莎；另一方是科尔多瓦古老的阿文莎拉赫(Abencerrages)家族，也可称为本尼·沙拉贾(Beny-Serrāj)，支持索拉亚。后来，发生在阿尔罕布拉宫阿文莎拉赫厅的著名的大屠杀消灭了支持索拉亚的力量。穆罕默德十二世是否是这次屠杀的始作俑者仍然存疑。在泽格里斯人的支持下，穆罕默德十二世在阿卡萨巴碉堡中坚守了一段时间。然而，阿布尔·哈桑太强大了。穆罕默德十二世很快被迫到阿尔梅里亚避难。此后，两个格拉纳达酋长国政权共存：一个是穆罕默德十二世的政权，但在政治和军事上总不走运，忠实的摩尔人鄙视他当了基督教王国的工具；另一个是阿布尔·哈桑的政权，更确切地说是阿布尔·哈桑的弟弟“勇士”扎加尔的政权。穆罕默德十二世的反抗给格拉纳达酋长国带来不幸。阿布尔·哈桑失明后很快就驾崩了，有人怀疑他是被谋害的。

扎加尔堪称西班牙最后一位英明的摩尔人统治者。他是一位勇士，一位铁腕统治者，也是基督教徒的坚决反对者。如果没有侄子穆罕默德十二世掣肘，即使基督教徒的胜利势不可当，但只要在扎加尔有生之年，格拉纳达也能继续由摩尔人掌控。然而，格拉纳达酋长国的两个掌权者却没有共同对抗基督教徒，而是内部纷争不断，这加速了摩尔人政权的灭亡。神欲毁人，必先使其失去理智。现在，失去理智的自杀式的狂热占据了穆罕默德十二世和扎加尔的头脑。当需要众志成城击退基督教徒时，他们却把力量消耗在内斗上。在一方军队向着基督教徒进军时，另一方会派兵拦截。格拉纳达人(Granadinos)分成不同派别，加剧了穆罕默德十二世和扎加尔之间的争斗。格拉纳达人总是反复无常，易受变革的影响，无论这些变革是好是坏。他们最热衷的是推举新苏丹或罢免苏丹。只要哪个苏丹在战争中走运，从“异教徒”的领地上带回丰厚的战利品，格拉纳达人就很乐意匍匐在他脚下。一旦失败，格拉纳达人就将这个苏丹拒之门外，热情地欢迎下一个苏丹！格拉纳达人尊崇的人可以是穆罕默德十二世或扎加尔，也可以是当时碰巧充分利用了善变的格拉纳达人感情的其他人。

不幸的穆罕默德十二世正竭尽全力为挫败叔叔扎加尔而努力时，基督教徒也在逐渐收紧对注定要毁灭的格拉纳达酋长国的包围圈。一座又一座的城市落入了基督教徒手中。1484年，阿洛拉(Alora)等堡垒陷落。斐迪南二世的重型伦巴第大炮出力不小。1485年，科因(Coin)、卡塔马(Cartama)和龙达(Ronda)陷落。基督教徒也遭到扎加尔的大力反击。在一次伏击中，扎加尔抓住了卡拉特拉瓦(Calatrava)的骑士，展开了一场大屠杀。然而，基督教的征服进程仍在稳步推进。1486年，在斯凯尔斯伯爵爱德华·伍德维尔(Edward Woodville)率领的英格兰弓箭手的进攻下，洛萨(Loxa)失守，伊略拉(Illora)和莫克林(Moclin)投降。摩尔人惊恐地喊道：“格拉纳达的右眼瞎了！”基督教徒则说：“斐迪南二世砍掉了摩尔秃鹫的右翼！”的确，格拉纳达酋长国的西部已

格拉纳达大清真寺的吊灯

被斐迪南二世和他无畏的妻子伊莎贝拉一世吞并了。格拉纳达就像石榴一样，正一粒一粒地被吃掉。格拉纳达人对扎加尔很失望，再次迎接穆罕默德十二世入城。但在格拉纳达城和叔叔扎加尔对抗，穆罕默德十二世很难有胜算。在基督教徒的军事援助下，他设法在困境中暂时站稳了脚跟。此时，斐迪南二世正在率军围攻马拉加附近的维莱斯(Velez)，这个消息激起了格拉纳达人最强烈的愤慨。因为马拉加是格拉纳达酋长国的第二大城市，被群山和大海包围，当地有很多葡萄园和牧场，还有坚固精细的防御工事，是格拉纳达酋长国的“右手”。如果马拉加陷落，阿尔罕布拉也必然落入基督教徒手中。格拉纳达人群情激愤，随时准备与敌人一决胜负。扎加尔勇敢地率部前往维莱斯解围。他心里清楚，自己这一走，背信弃义的侄子穆罕默德十二世会趁机在格拉纳达恢复至高无上的地位。然而，他是位真正的勇士，将个人得失置之度外，一心出兵拯救马拉加。他筹划和被围困的军队内外夹击敌人。斐迪南二世很精明，截获了这条信息，并制订了反击计划。一天晚上，维莱斯人看到邻近的高地上排满了长长的扎加尔的军队。但第二天早上，一个人影也没见。夜袭失败了，在卡迪斯侯爵的坚决进攻面前，扎加尔军队像薄雾一样消散了。当垂头丧气的扎加尔军队想偷偷溜进格拉纳达城门时，格拉纳达人十分愤怒，拒绝了扎加尔，谴责他是叛徒，并决定拥护穆罕默德十二世。扎加尔带着残部走近格拉纳达的城门，大门紧闭，抬头一看，穆罕默德十二世的旗帜在阿尔罕布拉的塔楼上高高飘扬。格拉纳达人不能容忍失败，在扎加尔落难时，将他拒之门外。扎加尔掉头离去，在瓜迪克斯(Guadix)建立了政权。

围攻马拉加的战斗打响了。坚固的防御工事使马拉加成了基督教徒难以逾越的障碍。马拉加四面环山，城墙坚固，还有要塞和吉布拉法罗城堡(Gibralfaro)拱卫，这座城堡也叫“灯塔山”(Hill of The Beacon)。马拉加驻军可以以吉布拉法罗城堡为据点冲击平原上的基督教徒。此外，英勇的摩尔人泽格里(Zegry)监管防御事宜。泽格里曾任龙达要塞的长官，并无法原谅基督教徒从自己手中夺走著名的石头堡垒。现在，他用大无畏和坚韧不拔的精神激励着市民和非洲追随者。斐迪南二世想要劝降他，结果只是徒劳。尽管商人倾向和平，但他指挥着吉布拉法罗城堡的士兵，仍坚持保卫马拉加。斐迪南二世试图贿赂他，但派出的信使被他婉拒。整个马拉加要被招降，商人很快默许了。这时，泽格里说：“我来这里不是为了投降，而是为了保卫。”于是，斐迪南二世集中炮火攻击吉布拉法罗城堡。被称为“西门七姐妹”的可怕大炮日夜不停地轰炸，吉布拉法罗城堡被烟雾和火光笼罩。基督教徒试图靠突袭拿下吉布拉法罗城堡，但泽格里和士兵把滚烫的沥青和松香倒在基督教徒身上，用巨石猛砸攀梯爬墙的基督教徒。塔楼上的神箭手更是吓得基督教徒目瞪口呆。基督教徒冲锋队损失惨重，只好撤退，鏖战结束。但他们用火药进攻取得了良好效果，摩尔人的一些防御工事被火药炸毁，这在西班牙历史上是首次。然而，泽格里还是挺住了。西班牙骑士聚集在马拉加的城墙周围。伊莎贝拉一世亲临前线，激发了信奉基督教的士兵的热情。马拉加城垛上搭起了木塔，大量士兵用盾牌组成龟甲阵掩护破坏城墙的士兵。泽格里还是不肯投降。最后，一个比大炮和火药更可怕的敌人出现了——饥荒。马拉加人更乐于接受商人的和平建议，而不是听从泽格里的决议。对马拉加人来说，不可能有外援。事实上，为拯救被围困的马拉加城，扎加尔确实派兵增援了，他整合残部，从瓜迪克斯赶来营救马拉加。穆罕默德十二世又一次证实了“不幸者”之名。受丧心病狂的嫉妒心驱使，他居然出动格拉纳达的军队拦截、屠杀赶往马拉加救援的扎加尔的军队，打散了这支援军。扎加尔最后一次出击就这样被可怕的拦截、屠杀击退了。马拉加人饥肠辘辘。母亲把自己的孩子扔到泽格里的马前，哭诉没有一粒粮，孩子的哭声让人难以忍受。最终，马拉加投降了。在自己手下的胁迫下，仍然坚守在吉布拉法罗城堡的泽格里打开了城门。他被扔进地牢，没了音讯。这是基督教徒对他英勇行为的“回报”。

对马拉加漫长的围困结束了。饥饿的人们互相争斗，争着向基督教徒购买食物。非洲驻军仍面无惧色，尽管长期的战斗和供给匮乏让他们虚弱不堪、筋疲力尽。现在，他们成了奴隶。马拉加居民可以赎回自由，但条件苛刻阴险——居民的所有物品作为部分赎金，必须即刻上缴，如果八个月后凑不

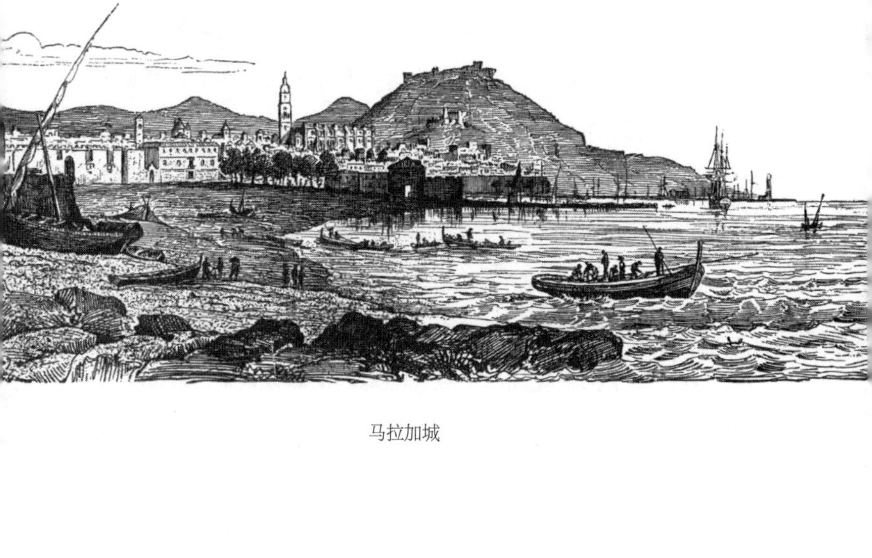

马拉加城

齐剩下的钱，还是会沦为奴隶。居民一个个被编号、搜身，然后被遣送出城。老人、无助的妇女、温柔的少女及一些出身高贵的人，背着沉重的行李穿过大街，走向阿卡萨巴。离家时，他们捶胸顿足，双拳紧握，泪目向天，心悸哀恸，都在哭诉："哦，马拉加！这座如此出名又美丽的城市。现在，你的力量何在？你的城楼何在？你用坚固的城墙保护你的儿女，又有什么用……你的儿女将在外邦哀号，被外邦人嘲弄。"穷人被送往塞维利亚，在那里服役八个月。由于没钱支付剩余的赎金，他们全部被判为永久奴隶，人数达一万五千人。因此，斐迪南二世阴险苛刻的条件收到了高额的回报。

现在，基督教徒完全掌控了格拉纳达酋长国西部。分布在龙达山(Serrania de Ronda)的著名的摩尔人要塞和美丽的马拉加城都由基督教军队控制。穆罕默德十二世终于可以独享格拉纳达城了。他急不可耐地祝贺盟友在马拉加大获全胜。然而，在格拉纳达酋长国东部，扎加尔仍在英勇地抗击基督教徒。摩尔人中还有不少爱国者，都聚集在他身边。从北部的哈恩到地中海沿岸安达卢西亚的主要港口阿尔梅里亚，他仍有很大的影响力。他控制着重要的城市瓜迪克斯和巴萨。在他控制的领地中，崎岖的阿尔普哈拉山脉孕育了顽强、好战的山地人，山地人守护着无数的山谷。内华达山脉雪峰上融化的冷冽溪水滋养着扎加尔的领地。扎加尔的领地牛羊成群，葡萄、橘子、石榴、香橼和桑树为格拉纳达酋长国提供了大量财富。

1488年，斐迪南二世将胜利的矛头指向摩尔人统治的安宁之地。他在穆尔西亚集结军队，向西进军扎加尔的领地，攻打巴萨。在巴萨，他遇到顽强抵抗，行进受阻。扎加尔英勇如初，将基督教徒从巴萨赶了回去，并袭击斐迪南二世的国土以示报复。1489年，斐迪南二世卷土重来，再次进攻巴萨。为减少军队伤亡，他没有硬攻，而是把巴萨肥沃的土地夷为平地，让这座孤城“饿”到屈服。前前后后六个月，因为疾病、冻伤和战斗，基督教徒损失了两万人。1489年12月，巴萨最终投降。随着巴萨陷落，扎加尔也丧失了全部权力。阿尔普哈拉各个要塞一个接一个向斐迪南二世投降。这些要塞投降或者是因为斐迪南二世的威望，或者是为了金子。扎加尔意识到摩尔人注定要失败，不情愿地向斐迪南二世投降，并献出阿尔梅里亚。斐迪南二世在阿尔普哈拉山给扎加尔分了一小块领土，封扎加尔为安达拉克斯(Andarax)国王。这块土地承载着扎加尔昔日的荣耀，也有今日的耻辱。扎加尔并未在此逗留太久，卖掉了自己的土地后，他去了非洲。在非洲，扎加尔被非斯(Fez)苏丹阿布·叶海亚(Abu Yahya)残忍地弄瞎了双眼，沦为一个无家可归的流浪汉，在痛苦和贫困中了却残生。能认出一身乞丐装的扎加尔，或能看懂他佩戴的徽章的人都同情他。徽章上用撒拉逊语写着“这是不幸的安达卢西亚统治者”。

只有格拉纳达还在摩尔人手中。看到老对手扎加尔被斐迪南二世赶下台，穆罕默德十二世非常高兴。他对给自己带来这一消息的信使喊道：“从今以后，谁也不准叫我‘佐格比’。我转运了。”闻此，有人说最好等局势明朗了再高兴。穆罕默德十二世虽然听说格拉纳达街头都在骂自己是个和异教徒勾结的叛徒，但一想到那令人讨厌的叔叔——扎加尔已经倒台，盲目的自信就一发不可收拾。作为斐迪南二世和伊莎贝拉一世的附庸，他认为自己没什么可害怕的。当初，出于对叔叔扎加尔愚蠢的仇恨，他煽动斐迪南二世征服叔叔扎加尔的领土。当时，穆罕默德十二世和斐迪南二世约定，如果斐迪南二世成功减少扎加尔的领地，占领瓜迪克斯和阿尔梅里亚，穆罕默德十二世将献上格拉纳达。现在，穆罕默德十二世似乎忘记了曾经的约定。然而，他的记忆很快就被唤醒。斐迪南二世写信告诉穆罕默德十二世，自己已经履行约定，格拉纳达也该按照约定归顺。穆罕默德十二世哀求延期，但只是徒劳。斐迪南二世心意已决，威胁说如果不马上归顺，马拉加就是前例。穆罕默德十二世不知该如何回复。但在英勇的骑士穆萨·阿布·加赞(Mūsa Abu Ghazan)的领导下，格拉纳达人决心将命运掌握在自己手中，并且告诉斐迪南二世，如果想要格拉纳达人的武器，就来夺走吧！

说这些话时，格拉纳达美丽的织女星平原上丰收在即，瓜果飘香。扎加尔和穆罕默德十二世之前的争斗破坏了织女星平原的和平。现在，织女星平原已经恢复元气，正在等待收获。斐迪南二世看到了机会，故技重演。他派出两万五千名士兵，让他们在织女星平原上烧杀抢掠，肆意破坏，整整三十天。当

穆罕默德十二世的剑，藏于马德里的比利亚塞卡

斐迪南二世回到科尔多瓦时，织女星平原已经荒芜一片。这一季的庄稼绝收足以威胁格拉纳达。然而，1490年，斐迪南二世的军队又进行了一次残酷的破坏活动。

穆罕默德十二世在绝望中终于鼓起勇气。在最英勇的穆萨·阿布·加赞的鼓舞下，他重披战甲，开始进攻敌区。周围已经向斐迪南二世投降的摩尔人看到他再次踏上征程，士气大振。他们将投降的诺言抛诸脑后，立即加入穆罕默德十二世的队伍。格拉纳达的好日子似乎真的要回来了！穆罕默德十二世从基督教徒手中夺回了几座堡垒。然而，这只是太阳落山前的最后一抹余晖。1491年4月，斐迪南二世和伊莎贝拉一世开始了一年一度的圣战，决定不拿下格拉纳达绝不收兵。斐迪南二世亲率四万步兵，一万骑兵，麾下名将有：庞塞·德·莱昂(Ponce de Leon)、罗德里戈·德·莱昂、圣地亚哥侯爵(Marquess of Santiago)、米尼戈·伊奎诺斯、科尔多瓦和迭戈·费尔南德斯、比列纳侯爵迭戈·德·帕切科(Diegode Pacheco)，以及令人敬畏的骑士阿隆索·德·阿吉拉尔。在阿尔罕布拉宫，穆罕默德十二世召开会议。从阿尔罕布拉宫可以看到基督教骑士骑马扬起的尘埃。有人劝告说不要做无谓的抵抗，但穆萨·阿布·加赞十分坚定，告诫大家要忠于祖先，只要手里有强大的武器，有快马能进攻，就永远不要绝望。他的激情感染了众人，格拉纳达到处是擦拭武器的声音和军人的脚步声。

穆萨·阿布·加赞是总指挥，各个城门归他掌管。从紧闭的格拉纳达城门的缝隙里能看到基督教徒的身影。这时，他下令打开格拉纳达城门，并说："我们的身体会挡住大门。"这句话让年轻人热血澎湃。"我们能为之战斗的只有脚下的土地。没有它，我们也就没有了家和国。"穆萨·阿布·加赞的这番话说完，士兵都愿意陪他赴死。由这样一位总指挥带领，在格拉纳达城与基督教营地之间的平原上，摩尔人骑士队上演了很多可歌可泣的英勇壮举。战场上多是单打独斗。摩尔人骑马穿行在斐迪南二世营地的帐篷间，引诱一些基督教骑士去决斗，基督教骑士常常在决斗中丧生。斐迪南二世发现自己最好的骑士一个接一个地被杀，下令严禁任何人接受摩尔人的挑战。看着勇敢的摩尔人骑士高声欢呼策马来去，嘲笑自己的懦弱，斐迪南二世的士兵很难在帐篷里安静地坐着。最后，有一个格拉纳达人胆大无比，几乎把长矛投进了斐迪南二世的营帐。埃尔南多·佩雷斯·德·普尔加(Hernandao Perez de Pulgar)再也忍不住了。"Pulgar"这个姓氏的含义是"功勋卓著之人"，他召集了一小群追随者，夜深人静时，骑马来到格拉纳达城墙的后门。他骑马从街上疾驰而过，未被守城士兵发现。他一直来到大清真寺，郑重地将大清真寺献给圣母玛利亚，把一张写有《圣母颂》的纸钉在大清真寺门上作为标志。这时，格拉纳达士兵才发现有敌军进入，并从四面八方围了上来。埃尔南多·佩雷斯·德·普尔加用马刺猛刺坐骑，在一片惊愕声中疯狂地冲过人群向城门疾驰而去，打翻围堵的士兵，奋力逃脱，胜利地回到了斐迪南二世的营地。此后，在大弥撒的庆祝活动中，普尔加家族有权坐在由清真寺改成的大教堂的唱诗班中。

然而，这种大胆的壮举对推进围攻格拉纳达没多大作用，与摩尔人零星的几次交战也没有结果。斐迪南二世故技重施，从意外被烧为平地的营地里冲了出来，率军捣毁了织女星平原上仅剩的一点庄稼和果园。在绝望中，摩尔人发动了最后一次战斗，试图拯救自己的庄稼和果园。穆萨·阿布·加赞和穆罕默德十二世像英雄一样领头带着骑兵厮杀，但步兵不那么坚定，被打回了格拉纳达城里。脸色苍白的穆萨·阿布·加赞悲伤地跟在后面，决心再也不冒险与基督教徒决战。这是格拉纳达人的最后一战。十年来，摩尔人与基督教徒争夺每一寸土地时，只要还没倒下，就坚定不移地对付基督教徒。但现在，除了格拉纳达，摩尔人一无所有，只能躲在城墙内，品味无边的郁闷和绝望。把格拉纳达人饿到屈服，这对斐迪南二世来说是个不错的选择。遵循阿卜杜拉赫曼三世围困托莱多的先例，斐迪南二世在八十天内建造了一座围城——圣菲(Santa Fé)，来围困格拉纳达，以纪念自己“神圣的信仰”。时至19世纪下半叶，这座围城仍保留着，它体现了斐迪南二世征服格拉纳达城的坚强意志。英勇对抗不了饥荒，格拉纳达人恳求穆罕默德十二世不要再折磨大家了，赶紧与基督教徒达成协议。最后，不幸的穆罕默德十二世屈服了。但穆萨·阿布·加赞绝不投降，全副武装，跨上战马，离开了这个城市，再也没有回来。据说，他在途中和一队基督教骑士相遇。基督教骑士有二十几人，他接受了这队基督教骑士的挑战，在被打下马前，杀了很多人。他跪在地上顽强地继续战斗，蔑视基督教徒，直到虚弱到无法战斗。最后，他奋力一跃，跳进了赛尼尔河(Xenil)。身着沉重盔甲的他，沉入了河底。

1491年11月25日，穆罕默德十二世和斐迪南二世签署了投降法案，规定了休战期限。休战期满，如果没有外援，格拉纳达将被移交给斐迪南二世。摩尔人向土耳其苏丹和埃及苏丹寻求帮助，但希望都落空了。1491年12月底，穆罕默德十二世给斐迪南二世传递消息，要对方来接管格拉纳达。在悲伤的摩尔人凄苦眼神的注视下，基督教军队列队走出圣菲，穿过织女星平原。基督教徒的先遣队进入了阿尔罕布拉宫。不一会儿，硕大的、闪闪发光的银十字架就出现在维拉塔(Torre de la Vela)顶上，旁边飘扬着圣詹姆斯的旗帜。织女星平原上的军队中“圣地亚哥”的喊声震天动地。最后，卡斯蒂尔和阿拉贡的旗帜被插在银十字架的旁边，斐迪南二世和伊莎贝拉一世双膝跪地，感谢上帝。整个军队都在斐迪南二世和伊莎贝拉一世身后跪下。王室合唱团庄严地唱起了《赞美颂》(Te Deum)。殉道者山脚下，在一小群骑兵的陪同下，穆罕默德十二世迎接王室队伍。他把格拉纳达的钥匙交给了斐迪南二世，转身离开了心爱的格拉纳达，向山上走去。在帕杜尔，他站在阿尔普哈拉山脉的一个山坡上，回头凝视着从自己手上失去的格拉纳达。美丽的织女星平原、阿尔罕布拉宫的塔楼、赫内拉利费宫的花园，昔日的辉煌没有了。他泪流满面地说："真主至上，神最伟大。"旁边的母亲阿以莎说："你不能像个男人一样守卫那些东西，只好像个女人一样哭泣。"穆罕默德十二世在山坡上深情回望格拉纳达城，这个再也回不去的地方。直到19世纪下半叶，这里仍然叫"摩尔人的最后一声叹息(el ultimo sospiro del Moro)"。穆罕默德十二世很快穿越边界来到非洲。他的后代在非洲乞讨度日。

日薄西山时，格拉纳达传来了哭声。
有人呼唤三位一体，有人呼唤穆罕默德。
《古兰经》从此逝去，十字架由此重生。
基督教的钟声在这边敲响，摩尔人的号角从那边吹响，
《赞美颂》在阿尔卡拉唱响。
所有的新月旗从阿尔罕布拉宣礼塔落下，
阿拉贡和卡斯蒂尔的武器出现在塔上。
一个统治者乘胜而来，一个啼泣而去。
啼泣的人，他的双手和花白胡须已被扯断，大声疾呼，
永别了，永别了，格拉纳达！你这座城市！
悲哀啊，悲哀啊，你这异教徒的骄傲！
从摩尔人的祖先统治这片土地至今七百多年来。
一切都消失了！
格拉纳达，你是一位幸福的母亲，出身显赫，

有个傲慢的家族曾居于此，现在已不在其位；

无畏的骑士驻扎城中，欢欣鼓舞地作战，

他们既是骄傲的卡斯蒂尔的对手，又是基督教徒的噩梦。

在这里，勇士可以为了女士，或为了先知的荣誉和索尔丹里的骄傲而死，生死不是大事。

因为英勇无畏的品质在此茁壮生长，

尚武的精神为尊贵的宫殿增光添彩，

这是我们的乐趣。

织女星平原上的花园，广袤的田野和郁郁葱葱的树荫——

可悲啊！我眼睁睁地看着美丽烟消云散，残花遍地！

那个失去了这样一块土地的统治者，他不能要求尊严，

他再也不会跨上战马，臣民也听不到他的声音。

但在某个阴暗凄凉的角落，看不见他的脸，

孤独的统治者应该在那里哀叹和哭泣。

摘自约翰·吉布森·洛克哈特《西班牙民谣》

第十四章

十字架回归

Bearing the Cross

穆罕默德十二世开启了摩尔人漫长的悲伤之旅，他的“最后一声叹息”只是个开始。起初，格拉纳达投降时签署的公平条约似乎得以遵守，礼拜自由和穆斯林法令也得到了维护。总主教埃尔南多·德·塔拉韦拉(Hernando de Talavera)心地善良、思想开明，重视摩尔人的权利，根本没强行让摩尔人皈依基督教。作为表率，他公正仁慈，尽可能尊重摩尔人的生活习惯，想以此赢得摩尔人的支持。他让手下的神父学习撒拉逊语，用撒拉逊语来祷告，这样的让步对民众思想影响巨大。1499年，卡斯蒂尔女王伊莎贝拉一世派弗朗西斯科·德·西斯内罗斯协助埃尔南多·德·塔拉韦拉。当时，在信仰萌芽时期发生在耶路撒冷的场景似乎即将在格拉纳达上演。一天之内，不下三千人接受埃尔南多·德·塔拉韦拉的洗礼。埃尔南多·德·塔拉韦拉在他们身上洒上象征集体再生的牛膝草。弗朗西斯科·德·西斯内罗斯并不认同埃尔南多·德·塔拉韦拉温和的方式。他是教会激进分子。当激进带来胜利时，总能燃起他的热情。无论这些异教徒喜欢与否，他都会把他们的灵魂从地狱之火中拯救出来。他在伊莎贝拉一世圣洁的心灵中种下了一棵毒株——对异教徒守信就是对上帝的背信。因此，伊莎贝拉一世最终同意迫害摩尔人，这是她身上为数不多的污点之一。从现在开始，摩尔人被称为“摩里斯科人(Moriscos)[①]”。

① 是一支改宗基督教的西班牙穆斯林及其后裔。——译者注

第一次试图逼迫格拉纳达人改宗的行动以失败告终。一些生活窘迫的格拉纳达人对新皈依的基督教有些怨言。这些人很快遭到逮捕，一个女人也因此被关进监狱。阿尔贝辛人愤怒了，手持武器把女人救了出来。格拉纳达到处骚动不安，满城都在发生街垒战，城中基督教驻军寡不敌众。对此，弗朗西斯科·德·西斯内罗斯怒不可遏。但温和的埃尔南多·德·塔拉韦拉站了出来，只带上一个举着十字架的仆人，无所畏惧地走进阿尔贝辛。人们立刻围了上来，亲吻他的衣服，向他讲述自己的冤屈。在阿尔贝辛人心中，他是一位宽厚、不失公正的调解人。他解决了这些争端，弗朗西斯科·德·西斯内罗斯不得不离开。

然而，弗朗西斯科·德·西斯内罗斯不是一个轻言放弃的人。他诱使伊莎贝拉一世颁布了一项法令——让摩尔人选择接受洗礼或者被流放。基督教教会提醒摩尔人，摩尔人的祖先曾经是基督教徒。根据血统，摩尔人也算是基督教徒，自然必须信奉上帝的教义。清真寺被关闭，无数包含多代摩尔人研究成果的手稿被无情的弗朗西斯科·德·西斯内罗斯一把火烧掉。不幸的摩尔人受到威胁、殴打，被逼接受“和平与善意”的福音。此前，强制犹太人皈依已经得到天主教两位君主斐迪南二世和伊莎贝拉一世的认可。犹太人和摩尔人一样命运多舛。当然，最终大多数人都屈服了，放弃自己的信仰比放弃自己的家园更容易。但在阿尔普哈拉的山地人中，古老的摩尔人的精神火花仍在燃烧。有段时间，这些山地人坚守在冰雪覆盖的堡垒里，抵抗迫害自己的人。四十年来，阿隆索·德·阿吉拉尔的骑士精神和英勇事迹一直流传。1501年，阿隆索·德·阿吉拉尔受命前往贝梅贾山区(Sierra Bermeja)镇压叛乱，但被摩里斯科人打得一败涂地。摩里斯科人从山上投下巨石，将阿隆索·德·阿吉拉尔的骑兵碾成齑粉。

在沙滩那边，岩石之间，生长着古老的软木树。

这条路崎岖不平，骑兵必须单枪匹马减速慢行。

在那条小路上，异教徒设下了埋伏。

他们在高处等待着阿隆索·德·阿吉拉尔。天蒙蒙亮了。

鹰眼，卡斯蒂尔的守护者在那里毫无用处，

智慧之眼和勇敢之心可能永远感受不到恐惧，

战斗中，强壮的手臂将权杖舞得虎虎生风，

大刀也沾不到那厚重的护甲。

既没有骑士般的英勇，也不懂骑马和使用长矛的技巧，

一块块石头轰隆隆地从悬崖上沉闷地滚下。

向下，向下，像迅猛的冰雹一样，砸下来了，马和骑手都死了。

就像牛一样，当猛烈的闪电飞过时，它的绝望无以言表。

阿隆索·德·阿吉拉尔带着几个人逃到田野，

就像被困的狮子一样站在那里，恳求投降，只是徒劳。

周围有上千敌人，但无人能走近与他们战斗。
远远地，敌人用箭和标枪刺穿了这个意志坚毅的骑士，
成百的标枪在他的头顶嘶嘶飞过。
阿隆索·德·阿吉拉尔即使有一千颗心，血也能流光。
越来越虚弱了，他摇摇晃晃地走在滑溜溜的草皮上——
最后他面朝天摔在地上，把灵魂献给了上帝。

还有一个传说更可信，讲述阿隆索·德·阿吉拉尔在公平决斗中死于摩尔人指挥官之手。他是家族中第五位在与异教徒的战斗中战死的人。

然而，摩里斯科人暂时的成功加剧了已被激怒的基督教徒的报复。塞林伯爵(Count of Serin)炸毁了清真寺，而且在清真寺里还有很多出于安全考虑而安置在此的妇女和儿童。斐迪南二世亲自率军夺取了扼守隘口的“钥匙”——兰哈龙城堡(Lanjaron)。残余的摩里斯科人逃往摩洛哥、埃及和土耳其，凭技能讨生活。阿尔普哈拉的第一次叛乱就这样被镇压了。

随之而来的是绵延半个世纪的仇恨。强加给摩里斯科人的宗教职责，他们心不甘情不愿地能少执行就少执行。他们的孩子用圣水洗礼后，只要离开神父的视线，父母就会仔细地洗去圣水。举行完基督教婚礼回家后，摩里斯科人会按传统的仪式再举行一次。摩里斯科人还会把柏柏里海盗藏在城中的家里，甚至帮助他们绑架基督教徒的孩子。一个明智、诚实的政府应

该遵守其在格拉纳达投降时做出的承诺，以防范因隐藏的不满而引发的危险。但西班牙的统治者在与摩里斯科人打交道时，却既不明智也不诚实。随着时间的推移，西班牙的统治者变得越来越虚伪残酷。摩里斯科人奉命放弃本民族的美丽服饰，换上帽子和马裤；放弃洗澡，习惯统治者的邋遢；放弃自己的语言、习俗、仪式、名字，言行举止都不得不西班牙化，他们都要变成西班牙人。1526年，西班牙国王卡洛斯一世批准了骇人听闻的法令，但明智地不推行。他的代理人只将其用作向富裕的摩里斯科人索要贿赂的手段，当作给官方睁一只眼闭一只眼的酬劳。“宽容交易”让当时的宗教裁判所很满意，让他们赚得盆满钵满。然而，西班牙国王腓力二世将父亲卡洛斯一世冷处理的暴虐法令付诸实施。1567年，他推行了关于语言、习俗等令人厌恶的法令。为了落实禁止清洁的法令，他命令拆除阿尔罕布拉宫美丽的浴池。大规模的去民族化让普通人都难以忍受，更别提曼苏尔、阿卜杜拉赫曼和阿文莎拉赫家族的后代了。百姓与一些强制收税官间的争端引发了早已沸腾的民怨。有些农民的房子被征，用来安置收税的士兵。结果这些农民杀害了收税的士兵。格拉纳达的一个印染工法拉克斯·阿文·法拉克斯(Farax Aben Farax)，是阿文莎拉赫家族的后裔，他召集了一群心怀不满的人，在基督教驻军追捕他们前逃到了山区。科尔多瓦哈里发的后裔埃尔南多·德·巴洛尔(Hernando de Valor)在格拉纳达是个有名望的人，但因放浪形骸而遭人诟病。他被选为安达卢西亚的统治者，尊号穆莱·阿文·伍麦叶(Muley Aben Omeyyad)。一周之内，整个阿尔普哈拉都武装起来。1568年，第二次摩里斯科人叛乱开始。

阿尔普哈拉山区非常适合叛乱。内华达山脉和大海之间的高地长约十九英里，宽约十一英里，“被切割成崎岖的丘陵和深深的峡谷，除了安达拉斯的小山谷和介于内华达山脉和海洋之间的平原，很难找到一块平地”。内华达山脉的支脉、三个主要的山脉及其较小的支脉，从北到南纵横交错。因此，沿着峡谷形成了许多溪流。溪流冬季湍急，夏季常常干涸，将穆莱哈肯(Muleyhacen)和韦莱塔峰(Pico de la Veleta)的积雪融水带入地中海。从自然风光和地理优势上看，阿尔普哈拉山区算得上是欧洲最美丽、最迷人的地区之一。甘蔗和棕榈树、较低的山谷和狭窄的平原像一条金丝带环绕着大海。向此走去，穿过花园，走过玉米地和橄榄林，就是清新的高山牧场和松林。岩石上面的植被枯萎了，石头间积雪又深又多，即使是秋天也可以在角落和山坳中看到雪。峡谷底部土壤肥沃，当初，勤劳的摩里斯科人在此耕作。他们精心修建梯田(terrace)，灌溉，以弥补土地稀少的劣势[①]。村庄坐落在山坳里，或者分散在陡峭的高处。村

① 安达卢西亚的肥沃土地在西班牙人手中未得到充分合理使用。基督教国王也不重视格拉纳达的肥沃耕地。公元1591年，位于格拉纳达的王室领地被卖掉了，因为在西班牙人的管理下土地产出远低于投入！但同样是这块土地，在摩尔人手中成了茂盛的热带田园。——原注

庄的周边是葡萄园、花园、橙园、杏园，以及橄榄和桑树种植园，还有仙人掌和芦荟组成的树篱。在石头高地上，可以听到系在绵羊和母牛身上的铃铛响声。在格拉纳达市场上和安达卢西亚的港口，阿尔普哈拉产的葡萄酒、水果、丝绸、油、奶酪和羊毛都很有名。现在，由于神职人员的偏执，要把美丽的阿尔普哈拉交给基督教士兵的刀剑和盾牌。

阿尔普哈拉的大规模叛乱持续了两年。基督教徒为镇压叛乱耗尽精力。这段历史虽充斥着基督教徒和摩里斯科人不计后果的流血、酷刑、暗杀和背叛，但不乏壮举和坚韧的精神。在任何时代、任何国家，这些壮举都值得被歌颂。这些壮举让那段历史不那么阴暗。基督教徒和摩里斯科人的斗争很激烈，有孤注一掷的意味。因为阿尔普哈拉是摩里斯科人最后的立足之地。摩里斯科人要用雷霆怒火洗刷一百年来受到的侮辱和迫害。一个村庄接一个村庄起来反抗基督教徒的压迫。教堂被亵渎，圣母玛利亚的画像成了靶子，神职人员被谋杀，基督教徒经常被施以酷刑。基督教徒躲进钟楼和塔楼里自卫，抵抗摩里斯科人的突袭。我们看到这样一个故事：两个信仰基督教的女人独自留在一座塔里。她们关紧门，手里的武器只有石头。她们从城垛上向摩里斯科人投石结果被弓箭射中，而支撑她们的只有勇敢的心。从黎明坚守到中午，最终她们成功地把摩里斯科人挡在了门外，幸运地等来了援军。另一个故事发生在基督教军队镇压叛乱的行军途中。基督教军队到达了塔布拉特

(Tablate)峡谷，这是一个深一百英尺的险恶峡谷，峡谷底部咆哮的洪流正湍急地流着。摩里斯科人摧毁了上面的桥，桥上只剩下几块摇摇欲坠的木板，只有敢于冒险的侦察兵可以渡过河去。在这些木板的另一边，摩里斯科弓箭手早已经拉满了弓。面对这样的桥，基督教士兵不由自主地后退。摇晃的木板、咆哮的急流和摩里斯科人的利箭，足以吓退最勇敢的人。正当基督教士兵犹豫不决时，一个修士走上前来，平静地走过木板，直面摩里斯科人的利箭。摩里斯科弓箭手太惊讶了，都忘了放箭。两个基督教士兵在这个虔诚的修士身后一跃而起——一个到了对岸，另一个落入下面的急流中。基督教军队士气大振，以最快的速度渡河，在河对岸集结后冲向山坡，占领了阵地。这是温泉关之战的反转。这次，一个修士充当了列奥尼达一世(Leonidas I)的角色，巴拉克拉瓦(Balaclava)[1]却深陷险境。这一战使很多卑微的灵魂得到救赎。

格拉纳达的指挥官伊尼戈·洛佩斯·门多萨侯爵正在竭力调解和镇压摩里斯科人的叛乱。他率领四千人果断出击，山里的摩里斯科人基本被他镇压了。不过，朱比勒(Jubiles)发生了一次意外屠杀，拉罗莱斯(Laroles)爆发了一次叛变，这两件事让渐渐熄灭的叛乱之火复燃。另外，在阿尔贝辛监狱，基督教士

① 巴拉克拉瓦，又叫巴拉克拉瓦盔式帽。英国俚语称其为“Bally”，美国俚语为“ski mask”，是一种布制头饰，只露出脸部的一部分，通常是眼睛和嘴。在此借代“裹着头巾的穆斯林”。——译者注

兵残忍地杀害了一百一十个被俘的摩里斯科人，进一步激怒了摩里斯科人。伊尼戈·洛佩斯·门多萨侯爵是无辜的，没有参与这场血腥的杀戮。当他带着警卫赶去监狱平息骚乱时，狱卒对他说了一句话：“没有必要，监狱很安静，摩里斯科人都死了。”此后，摩里斯科人的力量日益壮大，阿文·伍麦叶(Aben Umeyya)成了整个阿尔普哈拉的真正领主。但这个昏庸无能、挥霍无度的科尔多瓦小贵族掌权时间很短。1569年10月，因为私人恩怨，他被下属勒死在床上。这时，一个能干并且忠诚的人承袭了头衔，他叫阿文·阿波(Aben Abó)。他是叛乱的实际领导者，是一个敢为朋友献身的人。

阿文·阿波不得不与一个新对手——腓力二世的同父异母弟弟奥地利的胡安(John of Austria)打交道。奥地利的胡安是一个前途无量的年轻人。他取代了伊尼戈·洛佩斯·门多萨侯爵成为对抗摩里斯科人的总指挥。通过书信沟通，他让腓力二世相信形势十分严峻，必须采取强有力的措施。最后，他接到了进军命令，摩里斯科人的末日来了。1569年到1570年的冬天，战争开始。1570年5月，交战双方已谈妥了摩里斯科人的投降条件。中间的几个月可以说尸骨如山，血流成河。奥地利的胡安的座右铭是“毫不留情”。在他眼皮底下，男人、女人和儿童都被屠杀，阿尔普哈拉成了人间炼狱。

叛乱似乎就要被镇压了，但最后一丝微弱的火花又出现了，阿文·阿波还没投降。然而，暗杀最终要了他的命。

他的头颅被挂在格拉纳达的废墟之门上示众三十年。雷肯斯(Requesens)发生了有组织的大规模屠杀和破坏活动，村庄被烧毁，躲在山洞里的人被烟熏死。1570年11月5日，最后一次公开叛乱的火花被扑灭，摩里斯科人最终被制服。而基督教徒掌控下的西班牙也付出沉重代价，失去了荣誉和未来。

奴役和流放是为数不多的摩里斯科幸存者的结局。据说，后来的战役夺走了两万多名摩里斯科人的性命。1570年的万圣节(Day of All Saints)，实际上是拿残余的摩里斯科人为基督使徒和殉道者庆祝。当时，还有五万人留在阿尔普哈拉。其中叛乱中被抓获的摩里斯科人沦为奴隶，剩下的摩里斯科人则在基督教军队的监视下被驱逐出境。由于食物短缺，疲劳过度和冻伤，许多不幸的流放者死于途中。剩下的流放者到了非洲，没有土地耕种，每天乞讨为生。在法兰西，流放者虽然被法兰西国王亨利四世(Henry IV of France)当成对付西班牙的工具，但依然遭受冷遇。基督教徒驱逐摩里斯科人的行动一直持续到1601年，五十万摩里斯科人被流放或杀死。据说，从格拉纳达陷落到17世纪前十年，有不少于三百万的摩里斯科人被流放。撒拉逊编年史家悲痛地记录了这次流放：“上天不乐意将胜利赐予他们，所以他们被征服了。然后，他们遭到大规模杀戮，直到被赶出安达卢西亚。灾难已经出现，那是在劫难逃的一年。土地和统治权掌控在上天手中，上天把它们赐给了中意的人。”

误入歧途的基督教徒不清楚自己在干什么，但驱逐摩里斯科人让他们心情愉悦。长久以来，对他们来说再没有比这更惬意、更浪漫的事了。洛佩·德·维加(Lope de Vega)歌颂西班牙国王腓力三世(Philip III of Spain)将摩里斯科人流放到非洲的判决。委拉斯开兹(Velazquez)将这段历史画入纪念画中。即使是温和、宽容的米格尔·德·塞万提斯·萨维德拉也要迫使自己为驱逐摩里斯科人辩护。基督教徒稀里糊涂地杀了自己那只下金蛋的“母鸡”。几百年来，西班牙一直是文明的中心、艺术和科学的殿堂、学术的圣地，孕育着各种各样的新生事物。到19世纪下半叶为止，欧洲还没有哪个国家的发达程度接近摩尔人统治下的西班牙时的水平。即使是斐迪南二世、伊莎贝拉一世和卡洛斯一世统治时期，也没有摩尔人统治下的西班牙繁荣。基督教统治下的西班牙也曾像月亮一样光彩亮丽，这不过是借来的光，紧接着就是月食，因为摩尔人被驱逐了。此后，西班牙在黑暗中卑躬屈膝，匍匐前行。荒芜的土地一眼望不到边，摩尔人曾在西班牙种满繁茂的葡萄、橄榄和黄玉米。智慧和知识曾风行一时的土地如今被无知者占领。现在，颓废的态势已无可救药地蔓延开来。或许，这是对摩尔人最好的纪念。

插图信息

List of Illustrations

图书在版编目（CIP）数据

伊比利亚八百年 : 摩尔人统治下的西班牙 / (英) 斯坦利 · 莱恩 – 普尔著 ; 张凤梅译 .
-- 北京 : 中国工人出版社 , 2022.8
书名原文 : The Moors in Spain
ISBN 978-7-5008-7967-1

Ⅰ . ①伊… Ⅱ . ①斯… ②张… Ⅲ . ①西班牙—中世纪史— 718–1479 Ⅳ . ① K551.31
中国版本图书馆 CIP 数据核字 (2022) 第 155824 号

伊比利亚八百年：摩尔人统治下的西班牙

出 版 人　董　宽
责任编辑　宋　杨　李　骁
责任校对　丁洋洋
责任印制　黄　丽
出版发行　中国工人出版社
地　　址　北京市东城区鼓楼外大街 45 号　邮编：100120
网　　址　http://www.wp-china.com
电　　话　（010）62005043（总编室）（010）62005039（印制管理中心）
　　　　　（010）62379038（社科文艺分社）
发行热线　（010）82029051　62383056
经　　销　各地书店
印　　刷　三河市万龙印装有限公司
开　　本　880 毫米 ×1230 毫米　1/32
印　　张　8
字　　数　150 千字
版　　次　2022 年 11 月第 1 版　2024 年 11 月第 3 次印刷
定　　价　62.00 元